【글쓰기의 태도】

{(글{(쓰{(기{(의 {(태{(도
{(쓰{(기{(의 {(태{(도
{(기{(의 {(태{(도
{(의 {(태{(도
{(태{(도
{(도

【삶과 스타일, 글쓰기의 모든 것】

백
정
우

{(도
{(태{(도
{(의 {(태{(도
{(기{(의 {(태{(도
{(쓰{(기{(의 {(태{(도
{(글{(쓰{(기{(의 {(태{(도

한티재

"예루살렘은 어떤 곳이죠?"

"아무것도 아냐, (…) 모든 것이기도 하고!"

— 리들리 스콧, 〈킹덤 오브 헤븐〉

들어가는 글

아무것도 아닌 것에 모든 것이

2024년 11월 18일. 외출했다가 집으로 돌아왔을 때 현관문 앞엔 택배 박스가 놓여 있었다. 며칠 전 주문한 라미 볼펜이었다. 새해부터 다이어리 기록을 볼펜으로 하겠다고 마음먹고는 결심이 변하기 전에 실행에 옮긴 터였다. 다이어리 쓰는 게 뭐 대단한 일이라고, 만년필이면 어떻고 볼펜이면 어떠냐고 할지도 모르겠다. 계획한 대로만 움직이고 예정에 없는 외출이나 만남은 극도로 기피하는 성향 탓에 만년필에서 볼펜으로 바꾼다는 건, 즉 반복 행위 도구를 교체한다는 건 대한민국 수도를 이전하는 것만큼이나 내겐 큰 사건이다. 남들에겐 사소하지만 내겐 태산 같은 것들이 모여서 나를 이루고 내 글을 만들어 왔다는 얘기. 어디, 나만 해당될라고.

글밥을 먹으면서 살아온 지 25년이 되었다. 돈이 되든 안 되든, 많든 적든 글을 쓰고 강연을 하고 이런저런 방송에 얼굴을 비추면서 생계를 이었으나 생각해 보면 돈이 되는 건 말이었고, 글은 부업에 지나지 않았다. 그런데도 글쓰기를 멈추지 않은 건 모름지기 말은 글이 바탕이 될 때 힘을 얻는다는 사실을 알기 때문이다.

글쓰기를 오랫동안 가르쳤다. 문화센터에서도 그룹으로도 혹은 개인 지도로. 누군가의 글을 읽고 짚고 고치기를 반복하면서 살아온 시간이 적지 않다. 회가 거듭될수록 선명해진 건 글쓰기는 기술이 아니라는 사실이었다. 스킬을 배워 실전에 사용하는 데 한계가 있다고 생각했다. 때문에 과제를 내주고 첨삭을 하면서 정답과 오답, 옳고 그름, 맞고 틀림이 아니라 대체와 보완에 중점을 두었다. 이런 식으로 생각한다면 이렇게 이런 단어를 사용해도 좋지 않을까 하는 식이었다.

나와 글쓰기를 함께 공부한 이들 가운데 더러는 일취

월장한 사람도 있을 테고, 또 누구는 아무런 효과를 보지 못했을 수도 있다. 다만 나의 글과 나의 글쓰기 강좌 방향에 대해 긍정적인 평가가 많았기에 이 방법을 고수하고 있을 따름이다. 다행이고 고마운 일이다.

이 책은 글쓰기 참고서 혹은 지도서가 아니다(거칠게 말해서, 글쓰기를 향상시킬 수 있는 책이란 건 없다고 믿는다). 글 잘 쓰는 법을 알려 주지 않는다는 얘기다. 대신 간결하고 깔끔한 글쓰기를 고민하며 25년여 동안 글에 기대어 일용할 양식을 구해 온 사람이, 배우고 가르치면서 얻은 단상을 가감 없이 정제 없이 풀어놓았다.

그러니까 수많은 글쓰기 관련 책들이 주장하는 바, "내가 해 봐서 아는데, 책이 시키는 대로 하면 당신도 잘 쓸 수 있어"가 아니라 글쓰기 백날 배워 봐야 소용없다는 쪽에 가깝다. 요컨대 일상의 시선과 생각과 말이 바뀔 때 글이 좋아진다고 주장한다. 즉 태도가 바뀌면 세상과 사물을 보는 눈이 변하게 되고, 그것을 기억하고 기록하는 반복 행위를 통해 꾸준하게 지속적으로 이어 가는 습관을 기르면 글은 좋아질 수밖에 없다는 얘기다.

이 책은 글을 향상시키는 방법이란 게 정말로 있다면 태도와 습관을 바꾸는 것 외에는 없을 거란 믿음에서 출발한다. '태도'와 '기억과 기록'과 '습관'과 '더 나은 글쓰기'를 위한 짧은 첨언으로 챕터를 나눈 건 이 때문이다.

리들리 스콧의 〈킹덤 오브 헤븐〉의 마지막, 협상을 끝낸 발리안은 이슬람 군주 살라딘에게 묻는다.

"예루살렘은 어떤 곳이죠?"

이에 의미심장한 표정으로 답하는 살라딘.

"아무것도 아냐, (…) 모든 것이기도 하고!"

그러니까 이 책은 글 쓰는 법에 대해 아무것도 알려 주지 않지만, 어쩌면 모든 것이 담겼는지도 모른다.

내가 지향하는 글쓰기는 명징한 메시지가 담긴 간결하고 쉬운 글이다. 쉬운 글이 잘 쓴 글이라는 믿음은 변함없다. 이 책이 글쓰기로 고민하는 분들의 답답한 마음을 풀어 줄 수 있다면 더 바랄 게 없으리라.

번듯한 책을 만들 생각은 아니었지만, 담긴 내용의 가벼움만큼이나 책 구성도 간결하고 가볍게 만들어지길 바랐다. 원하는 바대로 잘 만들어 준 한티재에 무한한 감사를 전한다. 칼럼이든 책이든 또 어떤 글이든 언제나 내 첫 번째 독자가 되어 준 친애하는 이에게 고마움을 남긴다.

2025년 봄, 어느 바람 몹시 불던 날
거제 지세포에서

{(차 례)}

들어가는 글 아무것도 아닌 것에 모든 것이 · 7

【제1장】 태도에 관하여

나는 스타일만 봅니다 · 19
정선의 〈계상정거도〉 · 22
그건 기적이 아니라 마술이잖아요 · 26
수선집 이름은 '더이버' · 31
사운즈커피를 아시나요? · 34
삼계탕과 완두콩 공주 · 38
서점과 다이소 · 42
편견 어린 믿음에 관하여 · 44
우리의 것, 당신들의 것 · 47
믿을 만한 추천사 · 50
시집가서 매 맞고 사는 딸 · 52
삶도 글쓰기도 태도가 전부 · 54
나이키에서 롤스로이스까지 · 56
수업료는 아끼기 힘들겠지만 · 59
인풋이 없으면 아웃풋도 없다 · 66
책을 내고 싶다고요? · 69

【제2장】 기억하고 기록하는 삶을 위하여

네, 수영을 못합니다 • 75

다이어리와 메모지와 수첩 • 78

외워야 사는 남자 • 80

한 권으로 읽는 브리태니커 • 84

헤어초크의 책 서평을 쓰다가 • 88

기록은 나의 힘 • 91

60번째 생일날 문구점에 간 남자 • 95

만년필 전용 노트가 따로 있어요? • 98

아끼지 마, 그러다 굳어 버려 • 102

들어는 봤나, 트라디오 스타일로 • 104

세일러 만년필을 사던 날 • 106

무엇이든 기록하는 사람은 위대하다 • 108

어쨌든 쓰는 사람 • 112

요즘 세상에 누가 다이어리를 써요? • 114

【제3장】 습관이 빚어낸 습관에 대하여

히라야마와 패터슨 씨의 하루 • 121

그리고 토리노의 말 • 128

그녀의 인스타그램을 팔로우한 까닭 • 131

몸이 기억하는 삶 • 134

SNS 글도 컴퓨터에서 쓰고 고치는 습관 • 139

홈런볼, 네슬랭을 만나다 · 142

할리우드를 우습게 보지 마세요 · 145

운도 실력이라는 말 · 150

내게 재능이 있다는 변치 않는 믿음 · 154

컵에 물이 차오르는 데 필요한 시간 · 156

척하지 말고 아는 것만 · 158

국어사전이 필요한 까닭 · 161

은/는/이/가를 고민하는 밤 · 164

해설하지 말고, 간결하고 명쾌하게 · 168

눈물을 멈추고 글을 쓰자, 제발 · 171

같은 거 같아요 · 174

돈을 썼으면 돈 들인 태가 나야지 · 178

님아, 그 님 자를 쓰지 마오 · 181

저는 백정우라는 사람인데요 · 184

작은따옴표는 이제 그만! · 186

경우 없는 인간 · 189

배우님과 고객분 · 193

송해와 이디야 · 196

당신의 강박은 무엇입니까? · 199

【제4장】 더 높은 곳을 향하여

크고 긴 책상 · 205

잘 쓴 글은 내가 먼저 안다 · 207

어쩌다 나는 근심을 멈추고 책 칼럼을 쓰게 되었나? • 210
오랫동안 방송 원고를 쓰다 보니 • 214
그래, 결심했어! • 217
잘 쓴 글은 어렵지 않다 • 226
어떤 글이 어렵다는 것은 • 229
잘 쓴 글과 좋은 글 사이 어딘가에 • 231
어떤 질문에 답하여: 잘 쓴 글은 널렸다 • 233
내밀한 이야기를 쓴다는 것 • 237
이 지경과 이 지랄 사이에서 • 239
작은 성취가 중요한 이유 • 242
냄새로 맺어진 사이, 글로 맺어진 관계 • 245
작가라는 이름으로 • 248
진정성 넘치는 당신의 진심 • 250
너희는 어떻게 그런 생각을 다 해? • 252
공명심에 찌든 당신이 필요합니다 • 255
저, 잡지에 칼럼 쓰는 사람인데요 • 259
끝내주거나 엉망이거나는 안 돼요 • 262
그리고 삶은 계속된다 • 266

나가는 글 인생은 여전히 아름다워 • 268

【제1장】

태도에 관하여

나는 스타일만 봅니다

"나는 외모 지상주의자입니다." 이렇게 말하면 저자는 뭘 믿고 외모 지상주의를 논하는가, 또는 남의 외모 얘기할 시간에 자기 외모나 좀 챙기지, 하고 힐난할지도 모르겠다. 다시 말한다. 나는 외모를 중시하는 사람이다. 아니 외모만 본다.

처음 만난 사람을 파악하고 판단하여 결정 내리기까지 얼마의 시간이 필요할까. 혹자는 몇 번 만나 보면 안다고 말할 것이고, 어떤 이는 술자리를 가져 보면 안다거나 일을 같이해 보면 가늠이 된다고 말하기도 한다. 그건 두 번 세 번 만나게 될 경우의 얘기이고, 상대를 다시 볼지 말지, 같이 일을 할지 여기서 그만둘지 무엇으로 판단하느냐는 것이다. 몇 시간 이야기 나눈다고 처음 본 사람에 대해 무엇을 얼마나 알 수 있을까. 두세 번 보면 그에게서 내가 필요한 정보를 얻을 수 있을까?

내가 사회생활하면서 터득한 진리 중 하나는 "취향과 태도는 돈 주고 살 수 없다"는 것이다. 한 사람의 오늘은 그가 살아온 과거와 맞물린다. 그저 단지 오늘만 그런 모습인 게 아니라, 그가 걸어온 시간이 켜켜이 쌓인 모습이 오늘 내 앞에 있다는 얘기. 또한 미래일 수도 있다는 전언이다. 목소리와 단어와 어조와 표정과 몸짓과 머리끝에서 발끝까지. 한 사람의 태도는 곧 스타일이 되어 깊이 각인된다.

바둑을 소재로 한 영화 〈스톤〉에서 깡패 두목은 나이 어린 사범에게 묻는다. "난 어떻게 하면 1급이 될 수 있겠냐?" 어려울 거라 대답하는 사범에게 방법이 없냐고 재차 묻는 두목. 고민 끝에 사범이 말한다. "직업을 바꾸세요. 하던 일을 정리하고 기원에서 2년만 살면 돼요." 남의 것을 탐내고 남을 해치는, 즉 사람의 도리와 이치에 맞지 않는 일상을 멈출 때 비로소 바둑이 눈에 보일 거란 얘기다. 몸에 밴 습관과 삶의 태도를 바꾸지 않는 한 더 나은 미래는 없을 터다.

거듭 말하자면, 나는 처음 본 사람의 속을 알 수 없어서 태도를 본다. 즉 스타일만 본다. 이를테면 스타일은 그 사람의 전부이다.

정선의 〈계상정거도〉

거제에 가는 날이었다. 아침부터 설렜다. 한두 번 가는 곳도 아니었다. 2019년 1월 인연을 맺은 이후로 코로나 이전까진 격주에 한 번씩 찾았고, 이후로도 이런저런 일로 제집 문턱 드나들듯이 갔다. 내가 사는 곳에서 버스로 두 시간이면 고현터미널에 도착하니 먼 거리라고 할 수도 없었다. 터미널에서 시내버스로 갈아타고 40여 분 달리다 보면 옥포를 지나 장승포가 나오고 그곳에서 조금 더 들어가면 바닷가 작은 마을 지세포다.

오늘 거제행의 목적은 지세포 '엘마르 작은도서관'에서 주관한 글쓰기 원데이 특강이었다. 참석 예정자는 거제

자영업자로 구성된 단체 회원이다. 익숙할 대로 익숙한 얼굴들과 짧게 인사를 나누고 바로 시작했다.

그림 하나를 스크린에 띄웠다. 겸재 정선이 그린 〈계상정거도〉. 1746년 겸재가 그려 보물 585호에 등재된 문화유산으로, 도산서당에 앉아 있는 퇴계 이황을 그린 작품이다. 이 그림을 보고 뭐가 생각나느냐고 물었다. 답은 대동소이했다. 누구는 "풍속화다", 또 누구는 "조선시대 그림이다", 또 다른 이는 "평화로운 풍경이다" 등의 답을 냈다. 나는 천 원짜리 지폐를 꺼내서 뒷면을 보라고 말했다. 탄성 섞인 반응에 이걸 왜 몰랐지? 하는 표정이 얹힌다.

요즘이야 플라스틱 화폐다 디지털 화폐다 해서 현금을 잘 들고 다니지 않지만 불과 십여 년 전까지만 해도 지갑에 현금이 없으며 불안했다. 그렇게 매일 몇 번 몇십 번이고 만지작거린 게 천 원권 지폐였다. 그런데도 막상 정선의 그림을 보면서 화폐 뒷면을 떠올린 이는 거의 없었다. 왜 그럴까? 돈의 화폐가치, 즉 천 원이라는 지폐가 가진 교환가치만 소비했기 때문이다. 뒷면의 그림은 하나도 중요한 게 아니었다는 얘기. 이어서 화면을 넘겼다.

이창동, 홍상수, 이준익, 박찬욱, 봉준호, 최동훈. 현재 한국 영화계 최고의 감독이며 앞으로도 이끌어 갈 인물들의 사진을 보여 주고는 이들의 공통점을 찾아보라고 요청했다. 도무지 모르겠다는 표정들이다.

이들의 공통점은 뭘까? 대학에서 영화를 전공하지 않았다는 거다. 그나마 봉준호와 최동훈이 졸업 후 한국영화아카데미를 거친 게 유일하다. 이창동은 국어교육을, 홍상수는 예술학을, 이준익은 동양화를, 박찬욱은 철학을, 봉준호는 사회학을, 최동훈은 국어국문을 전공했다. 연극영화과나 영상 관련 학과가 아니라 하나같이 소위 문·사·철 출신이다. 카메라를 어디에 놓고 배경을 무엇으로 하고 미장센과 조명과 효과를 어떻게 쓰면 끝내주는 장면이 탄생하는지를 배운 사람들이 아니라는 얘기다. 사람을 보고 배우는 학문, 인간 내면의 욕망을 다루는 자리에서 한국 영화의 거장이 탄생했다.

문학도 마찬가지일 거다. 전공자가 유리할 순 있어도 반드시 압도한다고 보지 않는다. 전공하지 않고도 일가를 이룬 작가들이 즐비하다. 예컨대 천명관, 유시민, 김영하, 정유정, 김초엽, 손원평, 배수아 등등. 문예창작과나 국어국문과에서 체계적인 작법을 배우면서 합평 속에서 경쟁하고, 동료 선후배의 응원을 받으며 등단을 꿈꾸는 분위기라면 유리하긴 하겠다. 하지만 나는 글이 엉망인(아예 글짓기 수준에 불과한) 국문과, 문창과 출신을 무수히 보았다. 정말 너무 많은 문학 전공자들의 폐허 수준인 글을.

결국은 태도이다. 사람과 사물을 대하는 태도 말이다. 봉준호는 말한다. "사실상 하루에도 수백 번의 찬스들이 있을 거예요. 자극은, 영감은 도처에 이미 널려 있어요." 〈계상정거도〉를 보고 천 원짜리 지폐를 떠올리기 위해선 지금보다 조금 더 예민해질 필요가 있다. 찰나의 풍경이라도 허투루 흘려보내지 않겠다는 집요한 집중력이 필요하다. 글쓰기는 태도이다.

그건 기적이 아니라 마술이잖아요

코로나가 한창이던 2021년 초, 지인에게서 전화가 걸려 왔다. 아는 분이 원고를 써 놓은 게 있는데 책으로 내고 싶어 한다고. 혹시 글을 지도해 줄 수 있느냐는 요청이었다. 이런저런 이야기를 듣고 궁금한 점을 묻다가 약속을 잡았다.

그분은 테이블 위에 관공서용 봉투 몇 개를 펼쳤는데 다양한 노트와 종이 더미로 가득했다. 양해를 구하고는 한두 편을 읽었다. 능숙한 필기체로 쓴 원고는 해독 가능했으나 무슨 얘기를 하고 싶은 건지 가늠하기 힘들었다. 철자법이 엉망이었고, 구어체와 문어체가 뒤섞인 문장은 심각한 수준이었다. 무엇보다 비문이 난무하고 있었다. 책은 고사하고 글쓰기부터 새로 가르쳐야 할 상황이었다. 그 자리에서 완곡하게 거절 의사를 밝혔다.

우리는 의무교육과 중등교육을 거치고 고등교육까지 기본 12~16년 동안 글을 읽고 쓴다. 어릴 적엔 일기와 숙제를 써야 하고 글짓기와 작문을 익힌 후 논술을 거쳐 자기소개서로 넘어간다. 그러니까 우리의 인생은 자신이 살아온 삶을 소개하는 입사 원서 앞에서 한번 정리된다. 그 관문을 통과해 사회로 나오면 바로 회사가 요구하는 소위 생계형 글쓰기로 돌입한다. 그렇게 10년, 20년, 30년을 글자와 씨름해도 글쓰기는 어렵다. 좀체 늘지 않는다. 뒤늦게 문화센터와 글쓰기 강좌를 찾아다닌다. 짧게는 12주, 길게는 몇 년씩 배우지만 시원하게 나아지는 기미가 없다. 왜일까? 글쓰기는 메커니즘으로 접근할 수 없는 영역이기 때문이다. 기술적으로 배우고 연마하여 품질을 높이는 데 한계가 있다.

그분 왈, "잘 지도해 주시고 몇 달 따라하다 보면 좋아지지 않겠습니까? 요즘은 몇 달 만에 책 내게 해 주는 글쓰기 강좌도 많은 거 같던데요…" 무슨 말을 해야 좋을지 몰랐다. 묵묵부답으로 일관하다가 어색한 자리를 떠났다.

몇십 년 동안 해결 못 한 글쓰기를 몇 개월 만에 바꿀 수 있다고? 천만에. 나는 그런 말을 믿지 않는다. 글을 잘 쓰기 위해서 사물을 바라보는 방법을 바꾸고 일상을 대하는 태도를 변화시키면서 사소한 것들을 눈과 마음에 담는 습관을 기르고 그렇게 축적된 자산을 펼쳐낼 때 비로소 글쓰기는 조금씩 아주 천천히 변화를 보인다. 아주 천천히 말이다. 때문에 내가 입버릇처럼 사용하는 카피는 이렇다. "삶의 태도가 바뀌면 글이 바뀐다."

그분 말대로 요즘 들어 두세 달에 책 한 권을 출판해 준다는 광고가 부쩍 늘었다. 진짜 가능할까, 60일 만에? 그 짧은 시간 안에 책(제대로 된 출판사에서 제대로 만든 책) 한 권을 쓰고 매체에 기고하고 여봐란듯이 글을 잘 쓰는 일은 일어나지 않는다고 믿는다. 그건 기적이 아니라 마술이다.

기적은 그것을 일으키는 어떤 조건이 있을 때 가능하

다. 예컨대 간절한 소망과 기적을 현실로 만들려는 노력 같은 것들. 하지만 아무리 좋게 생각해도 석 달에 책을 한 권 쓴다는 건 기적을 일으키는 조건에 턱없이 부족하다. 함량 미달이다. 그런 유의 강좌를 기적이 아닌 마술이라고 부르는 건 이 때문이다. 마술은 오직 마술사의 재능으로 가능하니까(그런 마술사가 만들어 주는 책의 품질과 포지션은 논외로 하자).

나는 마술사가 아니라서 마술을 부릴 순 없다. 대신 적확한 표현과 적정한 용법과 단어를 찾으려 애쓰는 태도를 심어 주겠다고 약속한다. 반면에 어떤 이들은 단숨에 글이 좋아질 수 있다고, 믿고 따라오면 3개월이면 책을 쓸 수 있다고 장담한다.

글을 쓴다는 건 내 마음을 표현하는 하나의 방식이다. 입으로 나오면 말이고, 문자로 쓰면 글이다. 내가 살아온 삶이 몸에 체화되어 태도가 되고 삶이 되며 생각으로 이어져 글이 된다. 삶의 태도를 바꾸지 않고도 글이 향상될 수 있다는 말을 믿지 않는 이유이다.

내 경험상 글쓰기의 7할은 타고난다. 물론 나머지 3할

이 더해질 때 좋은 글을 쓰게 된다. 역으로 말하면 3할의 재능은 남보다 두 배 이상 노력해야 한다는 얘기다. 7할을 타고나지만 7할만의 재능만으로는 아무것도 이룰 수 없다. 앞으로 할 이야기는 7할에게 모자라는 3할, 3할이 채워야 할 7할에 대한 것이다. 그러니 실망 금지, 좌절 금지. 태도가 바뀌면 글이 바뀌니까.

수선집 이름은 '더이버'

매주 목요일 아침엔 집에서 좀 먼 곳으로 간다. 그래 봐야 한 시간 남짓한 거리지만 내가 사는 도시 기준으로는 무척 먼 축에 속한다. 버스 종점 직전에서 환승한 후 다섯 정거장을 지나 내려 한적한 길을 걷다 보면 목적지다. 두 시간 후면 다시 한적한 길을 걸어 버스 정류장으로 향한다. 다시 버스를 타고 내린 후 환승하여 50분쯤 지나면 집 앞이다. 매주 아침 루틴처럼 시계추처럼 반복되는 일상이 지루하다고 느낀 적은 없었지만 그렇다고 특별히 주목할 일도 아니었다.

어느 목요일이었다. 그날도 일을 마친 후 버스 정류장

을 향해 걷던 중, 그러니까 매번 한쪽 길로만 걷다가 이번엔 건너편에서 걸었다. 우연히 고개를 돌렸을 때 눈에 들어온 세 글자. 더 이 버. 옆에는 옷 수선 전문점이라고 쓰여 있었다. 그렇지 경기도 나쁘다는데 고쳐서 오래 입어야겠지. 스마트폰 카메라로 간판 사진을 찍었고 재밌는 작명이라고 생각하면서 몇 번이고 읊조리며 정류장으로 향했다. 더이버라는 세 글자는 내 뇌리에 깊이 박혔다. 그날 오후 SNS에 사진과 함께 짧은 글을 올렸다. 모두 기발하고 재밌다는 반응이었다.

글을 잘 쓰는 방법을 묻는 이에게 입버릇처럼 하는 말은 일상에서 글감을 찾으라는 것이다. 눈에 들어오는 모든 것을 예민하게 받아들이고 기억하고 기록하라는 말도 빼놓지 않았다. 직장을 다니고 아이를 돌보고 가족을 챙기려면 책 읽을 시간이 마땅치 않다. 책은 멀어도 일상은 늘 내 옆에 있다. 이전과 다른 시각으로 매일 반복적으로 벌어지는 환경 속에서 무언가를 찾아내려고 애써 보자. 예민하게 관찰하고 사소한 것이라도 허투루 지나치지 않는 습관을 기르면 글쓰기 자산이 풍성해질 거라 믿는다.

매일 다니는 도로 옆 상가 1층 가게는 눈에 잘 들어와도 2층, 3층은 고개를 들어 올려봐야 보이지만, 길 건너에서 보면 한눈에 들어온다. 일상을 포착하는 일은 특별한 게 아니다. 길만 건너도 보이는 세계가 달라진다. 그날 내가 늘 하던 대로 했다면, 건너편 길을 선택하지 않았다면 '더이버'는 꽤 오랫동안 발견하지 못했을 것이다.

사운즈커피를 아시나요?

오랜만에 만난 지인과 점심을 같이한 후 커피를 마시면서 집에서 먹을 빵을 샀다. 근처에 일이 있을 때면 들리는 커피집이다. 청결하고 깔끔한 매장. 여전히 모든 커피는 드립이며 테이블까지 가져다주고 수거해 간다. 처음 가게를 열던 7년 전과 비교해 변한 건 없다. 구매한 빵을 가져가기 위해 카운터로 갔다. 직원이 빵이 담긴 봉투를 들고 밖으로 나와 공손히 건네며 "맛있게 드세요"라고 말한다. 충격이었다. 보통은, 아니 거의 모든 업장에선 카운터 너머로 건네주는 게 당연한 일이었다.

여기는 직원 모두가 MZ세대들이다. 할 일이 없다고

스마트폰을 만지작대는 일상화된 장면이 이곳에선 낯선 나라 얘기다. 요즘 젊은이들은 게으르고 책임감 없고 제멋대로라는 일부의 왜곡된 시선도 여기선 내려놔야 한다. 잘되는 집은 잘되는 이유가 있다는 말은 참이다. 대구 삼덕동 골목 작은 가게로 시작한 '사운즈커피' 이야기다.

사운즈커피는 자신들만의 장점을 살려 숱한 커피집과 차별화를 이루는 데 성공했고 고객에게 인정받은 자산을 지킴으로써 지속 가능한 시스템을 완성시켰다. 너무나 당연하지만 이제는 생소한 단어가 된, 장사의 기본 태도, 즉 '부지런하고 성실하게 꾸준히'를 몸소 보여 주는 전범이다. 사운즈커피의 창업 초기 풍경은 어땠을까.

"싸기만 하면 안 돼요. 맛있어야죠."

'좋은 커피는 꼭 비싸야만 할까?'라는 물음에서 시작된 삼덕초등학교 건너 작은 커피집이 문을 연 건 2019년 6월의 일이다. 사장은 훤칠한 키에 검은 뿔테 안경을 쓴 모범생 같은 이미지의 청년이었다. 비좁은 가게에선 사장을 포함한 두 명의 젊은이가 쉬지 않고 일을 했다. 작은 공간 탓에 약식 테이블로 구성했지만 타일 마감이 주는 차가우면서 심플한 이미지도 괜찮아 보였다. 모든 커피를 드립으로 내려 주는 가게, 드립 커피치고는 너무 싼 가격, 싼 가격에 비해 월등한 맛. 게다가 좌석으로 직접 가져다주고 가져가는 서비스까지.

세 발만 걸으면 카운터인데도 손님이 움직이는 일은 없었다. 아침 7시에 문을 열었고 밤 9시에 닫았다. 하루도 빠지지 않고, 한 차례도 늦는 법 없이. 저러다 병이라도 나서 갑자기 문을 닫으면 어쩌나 하는 걱정도 슬그머니 들었다. 시작은 늘 창대하지만 끝이 흐지부지된 청년 창업을 수없이 봐 왔기 때문이었다. 하지만 이곳은 달랐다. 저렴한 가격에 맛있는 드립 커피를 마실 수 있다, 상하목장 아이스크림을 먹을 수 있다는 입소문을 타기 시작하더니 오래지 않아 핫플에 등극했고 대기 손님이 늘어나기 시작했다.

두 번째 걱정, 드립 커피가 머신 커피로 바뀌고 문 여는 시간도 들쭉날쭉하지 않을까 하는. 기우였다. 변한 건 없었다. 코로나의 혹독함도 견뎌 내더니 범어동에 분점을 냈고, 수성구로 본점을 이전했다. 지점이 하나둘 늘어났고 서울 강남까지 진출했다. 삼덕동 작은 커피집으로 시작한지 7년 만에 26개 지점과 자체 로스팅 공장과 베이커리 공장을 가진 튼실한 업체로 성장한 것이다.

손님이 많아지고 지점이 늘어나 사업이 번창해도 드립커피와 좌석까지 가져다주는 서비스는 변함없다. 늘 친절하고 바지런한 청년들이 매장을 빛낸다. 자신과의 약속을 지키고 손님과의 약속을 지키면서 성실하고 꾸준하게 달려온 사운즈커피는 내게 믿을 만한 곳의 대명사가 되었다. 자기 일을 사랑하는 태도는 음식을 다루는 태도와 손님을 대하는 태도로 이어지기 마련이다. 이런 곳은 더 잘돼도 좋다.

삼계탕과 완두콩 공주

나의 네 번째 책을 함께한 출판사 대표의 SNS에 삼계탕 사진이 올라왔다. 단박에 어느 삼계탕집인지 알아보았다. ○○삼계탕이 아니냐고 하자, 한번 같이 가자고 답이 왔다. 며칠 뒤 바로 그 식당에서 삼계탕을 두고 앉았을 때 내게 물었다. 어떻게 한번에 이 집인 줄 알아보았어요? 아무런 표식도 단서도 없는 삼계탕 뚝배기만 놓인 사진이었는데. 테이블 무늬를 보고 알았다고 답했다. 사실이었다.

안데르센 동화『완두콩 공주』의 여러 버전 중 어떤 이야기. 비가 억수같이 쏟아지는 밤 완두콩 공주가 탄 마차가 산속에서 길을 잃었다. 겨우 성에 도달하여 하룻밤 묵어 가기를 청하며 신분을 밝혔으나 의심의 눈초리 가득한 왕비와 왕자가 있는 옥좌 앞까지 걷던 중 두꺼운 카펫 바닥에 완두콩이 놓인 사실을 알아챈 덕에 공주로 인정받고 결혼도 했다는 얘기. 또는 침대 위로 수십 장 쌓은 매트리스 맨 아래 놓인 완두콩 때문에 등이 배겨 한숨도 못 잤다고 진술하여 공주임을 인증했다는 것. 어느 쪽이거나, 어느 쪽이라도.

내가 아는 감성이란, 어떤 사건과 경험에 대하여 '정제된 반응'을 보일 수 있는 역량이자 윤리적이고 심미적인 문제에 대한 감수성이다. 즉 감성은 부드럽고 말랑말랑한 것만을 의미하지 않는다. 외려 힘 있고 단단한 절제미의 완결판이다. 예를 들면 불쾌한 메일이나 문자를 받았을 때 곧바로 답장하지 않고 한숨 고르고 마음을 다잡는 일도 감성의 힘으로 가능하다. 나와 정치적 신념이 다른 이의 도발적인 글을 보고는 울컥하여 감정 섞인 대응하기보다는 차분하게 평정심을 찾은 후에 다음 행보를 결정하는 것도 감성의 힘이다.

혹자는 감성을 허세와 허영과 과시욕을 불러오는 부정적 감정으로 단정한다. 대다수는 감성을 나약하고 소극적이라 비판하면서도, 이성만이 체계적이고 논리적이며 합리적인 선택과 결과를 만들 수 있다는 믿음조차 비이성적이라는 생각은 하지 못한다. 개념이 문제가 아니라 말을 가지고 노는 사람의 문제이다.

며칠 전 제자가 묻기를, 친한 후배를 만났는데 형 글에서 스놉(snob)이 느껴진다고 말했다고. 선생님이 보기에도 그런 것 같으냐며 심각한 표정을 지었다. 주저 없이 그렇다고 대답했다. 스놉이 왜 문제냐고도 했다. 정도 차이(대놓고 드러내느냐 아닌 척하느냐)가 있을 뿐 의사·교수·스타·예술가 등, 경제사회적으로 상위 직군인 이들의 다수는 스놉이 몸에 두텁게 쌓여 있다고 했다. 어느 쪽에도 속하지 못하는 나조차 그렇다고 헛웃음을 지었다. 얘기를 끝내면서 지적 허영 없이는 글을 쓰지 못한다고 덧붙였다.

내 생각을 타인에게 내보일 허영과 용기와 열망이 있을 때 글을 쓰고 공개한다. 그게 싫으면 일기로 끝내면 될 일이다. 제자는 용기백배해 돌아갔다. 누군가 내 글을 보고 스노비즘 운운하면 나는 딱 한 문장으로 답한다. 당신은 콤플렉스가 무척 심하군요.

서점과 다이소

은희경의 단편 「중국식 룰렛」에는 인터넷에서 얻은 정보만으로 싱글몰트 위스키에 대해 다 아는 양 거들먹거리다 밑천을 드러내는 청년이 등장한다. 그가 인터넷에서 찾아보는 게 뭐가 문제냐고 항변했을 때 위스키 바 주인은 이렇게 대답한다. "찾아본 게 문제가 아니고, 틀린 정보를 알아채지 못하는 게 문제"라고. 책은 읽지 않고 인터넷에서 얻은 정보를 짜깁기하여 얻은 지식은 한 발만 옆으로 비껴 나면 무용지물이 된다는 얘기다. 지식과 정보의 차이를 구분하지 못하는 사람의 말로는 무엇보다 쪽팔리다.

일주일에 두 번은 서점에 간다. 대개 염두에 둔 책을 보기 위해서지만 무작정 갈 때도 있다. 흥미로운 사실은 근래 나의 서점 이용 방식이 다이소와 비슷하다는 것. 그러니까 늘 충동 구매에 시달리는 다이소처럼 서점도 그렇다는 얘기다. 그래도 괜찮다. 다이소의 충동 구매가 낭패로 이어지기 십상인 데 반해 책은 아무리 충동 구매해도 손해 볼 일은 없으니까. 어쨌든 아는 사람의 책을 발견하여 반갑기 그지없던, 바람이 몹시 불던 날 오후의 일이다.

읽을 책을 사는 게 아니라 사 놓은 책을 읽는다는 말은 이제 진부할 정도다. 내 서가에도 손도 대지 못한 책이 가득하다. 언젠가는 읽겠지만, 설사 다 못 읽는다고 해서 아쉽거나 큰일 날 일도 아니다. 어떤 사람에겐 명품 가방이나 옷이 보기만 해도 배부른 대상이듯이, 내겐 빼곡하게 꽂힌 책이 그러니 말이다. 말 나온 김에 서점에서 책 몇 권 산 다음 다이소도 들러야겠다.

편견 어린 믿음에 관하여

나의 책 『호우시절』이 출간되고 두 달이 지났을 즈음, 대구 혁신도시 끄트머리 작은 책방에서 북토크를 하게 되었다. 책방지기가 진행자 추천을 요청해 왔고, 고민 없이 제자 한 명을 추천했다. 정말 고민이라고는 털끝만큼도 하지 않은 결정이었다.

며칠 뒤 제자에게서 연락이 왔다. 북토크 진행자로 추천하셨다는데 자기가 깜냥이 되는지 모르겠다고, 괜히 좋은 자리를 망칠까 두렵다고 했다. 자기를 추천한 이유가 궁금하다고도 물었다. 잘할 수 있을 거라 믿고 추천한 거다, 아무렴 내 책을 건 행사에 아무나 추천하겠냐고 답해 주었다. 중·고등학교 시절 벼락치기라도 해서 좋은 성적을 받아 본, 즉 학창 시절 몰입하고 노력해 본 사람의 태도와 습관을 믿는다(예외도 있겠지만)고, 난 적어도 한국에서 공부 잘하는 사람에 대한 기본적 신뢰가 있으니 걱정 말라고 했다. 조금은 마음이 놓였는지 며칠만 생각할 시간을 달라고 했다.

그러니까 남들이 부러워하는 공기업에 다니던 그를 만난 건 2018년 가을이었다. 글쓰기 개인 지도로 인연을 맺었다. 시간이 여의치 않아 수요일 점심 50분 동안 그의 직장 근처 커피숍에서 만나 6개월여 글쓰기를 지도했다. 어느 날 그는 퇴직했고 대형 논술학원에서 부원장을 맡더니 코로나가 한창이던 2022년, 집 근처에 학원을 차렸다. 쓰고 읽기에 대한 열정과 애정이 남달랐던 그를 기억한다. 한 번도 늦거나 쉬는 법 없이 점심을 굶고도 즐거워했던 그의 표정을 떠올렸다. 태도에 감명받았고 어디서 뭘 하든 잘될 사람이란 걸 의심한 적이 없었다.

그런 그가 북토크 진행을 맡으면 며칠 밤을 새워서라도 영화를 보고 책을 읽어 진행자로서의 자질을 스스로 만들어 올 거라는 편견 어린 믿음이 내게 있었다. 진행 수락을 책방에 통보했다면서 다시 연락이 온 건 하루가 지나서였다.

내 믿음은 적중했다. 그는 책에 수록된 영화를 두루 섭렵하고는 책 내용과 비교하면서 꼼꼼하게 질문지를 준비했다. 책에 대한 몰입도와 각 장의 핵심을 짚어 낸 이해력은 예상을 넘어 놀랄 수준이었다. 책을 낼 때마다 북토크를 하였고 모두 좋은 반응을 얻었지만, 그날 밤 작은 책방을 달군 열기는 잊기 힘들 것 같다. 영화평론가인 저자를 진땀 흘리게 만든 초보 진행자의 열정 넘친 진행은 좌중을 메운 사람들에게도 깊은 감흥을 안겨 주었다.

우리의 것, 당신들의 것

어느 해 봄이었다. 우연한 기회로 한 문화기획자를 알게 되었다. 자기 공간을 운영하면서 글을 쓰고 사진도 찍는 사람이었다. 그가 지원사업으로 받은 고등학생 대상 인문학 강좌 중 한 회를 맡게 되었다. 5월부터 10월까지(방학 7, 8월을 제외하고) 총 4회였고 나는 첫 회인 5월 담당이었다. 평소 내 강사료의 10분의 1 수준이었지만, 연고도 없는 도시에서의 첫 강의라 강의료는 염두에 두지도 않았다.

문제는 정산 방식이었다. 그 코딱지만큼의 강사료 중에서 문화기획자가 운영하는 공간 후원금으로 20퍼센트

인가를 떼고, 더 기막힌 건 강좌 종료 후 학교로부터 사업비를 정산 받은 후에야 돈을 준다는 거였다. 10월에 강의한 사람은 한 달을 기다리면 됐지만, 나는 무려 6개월을 기다려서 그 코딱지만큼의 돈에서 20퍼센트 후원금을 떼고 원천징수까지 하고서야 강사료를 받았다. 물론 인연은 그걸로 끝이었다. 이런 사례는 어느 시대, 어느 곳에나 존재한다.

말로는 세상을 구하고 지역사회를 위하고 문화예술을 보급하고 인문학이 이러쿵저러쿵 떠벌리지만, 정작 뒤로는 악취 진동하는 문화기획자가 태반이다. 지원사업을 받거나 못 받거나 안 받거나 할 것 없이. 인지상정과 인맥에 기대어 마땅히 지급해야 할 개런티와 수고비를 은근슬쩍 넘어가는 걸 부끄러워하지도 않고 미안해 하지도 않는 사람들. 이런 치들이 문화예술을 방패 삼아 시인, 작가, 관장, 위원장인 세상은 얼마나 불행한가.

내가 기획한 공연의 출연자에게는 무조건 아무리 늦어도 다음날 개런티를 지급한다. 공공기관도 아니고 주식회사도 아니라서 결재와 협의 따윈 필요 없다. 심지어 현금 판매인데. 작년 두 번의 공연은 다음 날 오전, 연주팀 리더에게 개런티를 보냈다. 재작년 1월은 공연이 끝나고 뒤풀이 자리에서 송금했다. 모두 먹고살자고 하는 일이다. 일을 시켰으면 합당한 돈을 주고, 이왕 줄 거면 제때, 가능하면 하루라도 빨리 주는 게 좋다는 주의다. 그래야 다음에도 즐겁게 제대로 일을 할 수 있으니까 말이다. 인문학이 별건가, 사람을 먼저 생각하고 사람의 근본을 지키자는 학문이 인문학이다.

세상 살아가는 원리는 간단하다. 15세기 이태리 사람 루카 파치올리가 고안한 복식부기 원리, 즉 Nostro, Vostro(우리의 것, 당신들의 것). 이것만 지키면 아무 문제없다.

믿을 만한 추천사

추천사가 많은 책을 신뢰하지 않는다. 추천사 덕지덕지 붙은 책은 우선 제쳐놓는다. 한두 명도 아니고 십여 명의 추천사로 책 첫 장부터 숨 막히게 하는 책도 보았다. 항상 궁금했다. 책을 읽고 썼을까. 정말 처음부터 끝까지 다 읽은 것일까. 심지어 어떤 추천사는 책이 아닌 사람에 대한 신원 보증으로 읽힌다. 아, 가설랑은 책은 내가 모르겠고, 저자는 추천할 만하다는 식으로 말이다.

요즘은 추천사 전문 작가가 있는 듯하다. 서점 매대에 놓인 책 띠지마다 큼지막하게 적힌 이름들. 여기도 저기도 또 저기에도 그 이름이다. 채널을 돌려도 유재석, 강호

동이 나오는 것과 다를 바 없다. 어떤 인연으로 추천을 한다고 했을까. 얼마나 강렬했기에 '강력 추천'에 자기 이름을 새겼을까. 어느 문학평론가가 강력 추천한 아일랜드 출신 작가의 베스트셀러는 그해 내 최악의 책 세 권에 뽑혔다. 물론 내 취향과 그의 취향이 같을 리 없으니 추천한 사람은 죄가 없다(어쨌거나 돈이 아까운 건 어쩔 수 없잖아).

그럼에도 몇몇 믿을 만한 추천사가 있다. 그러니까 적어도 이 사람이 추천한 책이라면 믿을 수 있다는. 내게 대표적 인물은 박찬욱 감독이다. 유지원의 『글자 풍경』과 수 클리볼드의 『나는 가해자의 엄마입니다』는 박찬욱의 기막힌 추천사가 아니었다면 만나지 못했을 것이다. 콜럼바인 고등학교 참사 가해자의 엄마가 쓴 책에 얹힌 박찬욱의 추천사는 이렇다. "악마가 되어 버린 아들을 이해해 보려고 하는 이 피눈물 나는 헛수고 앞에서 나는 삼가 옷깃을 여민다."

시집가서 매 맞고 사는 딸

지금은 절판된 내 첫 책의 디자인은 황송하게도 한국 최고의 북디자이너 정병규 선생이 맡았다. 원고를 받은 선생 왈, 영화 책이니 스크린을 대입해 보자, 했다고. 역시 대가의 상상력이란…. 책을 펼쳤을 때 유럽 영화 사이즈(1.66 : 1)가 된 까닭이다. 파격적이라기보다는 혁명에 가까웠다. 심지어 표지는 온통 빨간색이었다.

문제는 따로 있었다. 유려하고 미려했으나 책꽂이에선 천덕꾸러기 신세였던 것. 나조차 책을 바로 꽂은 적이 없고 늘 눕혀 놓았으니까. 무게 또한 상당해 가방에 넣기도 쉽지 않았다. 세상에 몇 권 남아 있지도 않은 이 책을 볼 때마다 '시집가서 매 맞고 사는 딸' 같다는 생각이 든다.

원고를 쓰는 2024년 11월 현재, 이 책의 사이즈가 어떻게 될지는 나도 모른다. 예상하기로 작은 단행본, 펭귄북스 같은 사이즈로 만들어도 좋겠다는 생각이 있다. 그럼에도 불구하고 이 책을 시네마스코프 사이즈(2.35 : 1)로 하면 어떨지 상상해 본다. 별나게 긴 사이즈일 테니 중고 서점으로 직행하게 되려나?

원고 작업 도중 글이 막힐 땐 이런 엉뚱한 상상도 스트레스 해소에 도움이 된다. 지금이 딱 그렇다. 친구와 수다를 늘어놔도 좋고, 혼자 영화를 봐도 괜찮다. 나는 걷는 쪽을 택하곤 했으니, 이어폰을 끼고 에드 시런의 〈Photography〉를 크게 들으면서 산책이라도 해야겠다.

삶도 글쓰기도 태도가 전부

 기회가 있을 때마다 글쓰기는 돈 주고 배울 수 있는 게 아니라고, 좋은 글쟁이는 타고난다고 얘기했다. 생각해 보면 나는 글쓰기 강좌에서는 글쓰기를 가르친 적이 없다. 나는 문창과 교수도 논술 강사도 아니거니와 자기소개서 대필 작가도 아니다. 우리말 능력자는 더더욱 아니다. 그런데도 오랜 시간 글쓰기 강좌를 했다. 평가도 좋았고 결과도 만족스러운 편이었다. 글쓰기를 가르치지 않았기 때문에 가능했다고 자평한다. 그렇다면 나는 대체 무엇을 가르쳤을까? 가르치는 게 가당키나 했을까.
 글을 쓰고 싶은 욕망을 일깨워 주고 프레임을 응시하

는 다양한 시선을 알려 준다. 좋은 글이 어떤 것인지를 생각하게 만들고, 그런 글을 쓰기 위해 필요한 지적 자산을 쌓도록 독려한다. 그렇게 같이 토론하고 쓰고 공부하는 사이에 자신의 글이 어떻게 변하는지를 체험하도록 도와주는 것. 좋은 글을 쓰려는 노력이, 노력하는 자신의 모습이 얼마나 아름다운지 알려 주는 게 내 역할이라고 믿는다. 즉 일방적으로 가르치는 대신 발제자, 협조자로서 기능하기. 다른 말로 '뉴스 앵커' 이것이 글쓰기 강좌에서 내가 맡은 역할이다.

글쓰기란 무작정 배운다고 발전하는 게 아니라는 것을, 발전 가능성만큼이나 한계 또한 분명하다는 사실을, 변함없이 믿는다. 배워서 쓰는 글, 특정 형식에 맞춰 생산하는 붕어빵 같은 글은 감동을 줄 수 없다. 이런 글쓰기는 키워드 위주의 포스팅 방법을 가르치는 SNS·블로그 마케팅 강사에게 배우면 될 일이다. 삶도 글쓰기도 태도가 전부다. 내가 해 줄 수 있는 말도 이게 전부다.

나이키에서 롤스로이스까지

어디였더라? 어디였는지는 중요하지 않다. 첫 시간이었다는 건 분명하다. 이때 '틀림없다'라는 표현은 금물이다. 100퍼센트 자신이 없다면 가능한 한 '분명하다' 선에서 마무리한다. 내가 단어를 선택하는 방식이다. 그렇다 치고.

사진 한 장을 보여 준다. 그리스 사모트라케 섬에서 출토된 승리의 여신 니케(Nike) 석상이다. 루브르 박물에 전시된, 몸통과 날개는 있으나 얼굴이 유실된. 그 다음은 영화 스틸이다. 제임스 카메론의 〈타이타닉〉에서 레오나르도 디카프리오와 케이트 윈슬렛이 뱃머리에서 두 팔

벌려 세상을 품는 유명한 장면이다. 다음 차례는 나이키 로고다. 스우시(swoosh)로 읽는, 아마도 2차 대전 이후로 세상에서 가장 유명한 표식일 것이다. 1972년 포틀랜드 주립대학의 그래픽 디자인 전공 대학원생 캐롤린 데이비슨이 나이키로부터 의뢰받아 이 로고를 만들었을 때, 제작비는 35달러였다.

마지막은 롤스로이스 엠블럼이다. 어디서 많이 본 모습이다. 니케 석상의 날개 위에 여인의 얼굴(여러 설이 있다만)을 새겨 넣었다. 'Spirit of Ecstasy'라 불리는 독보적이면서 우아한 자동차 엠블럼이다. 제임스 카메론은 루브르의 니케 석상에서 〈타이타닉〉의 뱃머리 장면을 구상했다. 캐롤린 데이비슨이 나이키 로고를 만들 당시에도 육상 트랙 곡선과 니케의 날개에서 모티브를 얻었다는 게 정설이다.

많은 이들이 어떻게 하면 글을 잘 쓸 수 있느냐고 묻는다. 정답은 없다. 다만 확실하게 말해 줄 수 있는 건 In Put이 없으면 Out Put도 없다는 사실이다. 뭘 알아야 쓴다는 얘기다. 글감이 있어야 글을 쓸 것 아닌가. 영화 〈타이타닉〉만 본 사람과 니케 석상을 아는 사람과 나이키 로고의 기원을 읽은 사람과 롤스로이스 엠블럼까지 꿰는 사람이 글쓰기에서 펼칠 세계는 확연하게 다를 터. 아는 만큼 보이듯 아는 만큼 쓸 수 있다는 말도 참이다.

수업료는 아끼기 힘들겠지만

수업료라는 단어. 학교나 학원 또는 사설 교습소에 내는 비용을 말한다. 다른 의미로는 어떤 취미나 경험치를 얻기 위해 초보자가 지불할 수밖에 없는 비용을 뜻하기도 한다. 취미를 예로 들면, 처음엔 초보자에 맞는 중저가 제품이나 기구를 사서 입문한 다음, 실력이 향상됨에 따라 고가품으로 진입하기 마련. 이 순서는 거의 모든 취미 생활에서 예외가 없다. 오디오든, 등산이든, 시계든, 또 다른 것이든. 처음부터 상위로 갈 수 있다면 얼마나 좋겠냐마는 그게 말처럼 쉽지 않다. 애초에 단번에 상위 레벨로 올라가기 힘든 것도 있다. 예컨대 자동차처럼 가격에 비례해 부대 비용이 요구되는 제품들 말이다.

한때 오디오에 미친 적이 있다. 거의 30년 전의 이야기다. 처음에는 오디오라는 게 뭔지도 몰랐다. 인켈이나 롯데 파이오니아 또는 태광 에로이카 유의 컴포넌트시스템이 내가 아는 오디오의 전부였다. 그날 그 집 앞을 지나가지 말았어야 했다. 〈수상한 그녀〉의 '청춘사진관'이나 다름없는 곳. 밖에 내놓은 스피커로 들리는 소리가 화근이었다. 피아노 독주곡이었는데, 홀린 듯 들어가서는 "이런 소리가 나오게 하려면 어떻게 해야 하느냐"고 물은 게 호기심의 전부였건만, 그것이 대참사로 이어지게 될지는 나도 오디오 매장 주인도 미처 예견하지 못했을 터(어쩌면 주인장은 알고 있었는지도). 아무튼 그날 이후 5년을 오디오에 빠져 지냈다. 며칠 뒤 오디오가 내 집으로 들어오고서 알았다. 내 귀를 홀린 주인공은 알프레드 브렌델이 연주한 하이든 소나타였다는 사실을.

문제는 오디오에 미치면 동시에 음반 수집에도 열을 올릴 수밖에 없다는 데 있다. 금수저가 아닌 바에야 오디오는 고사하고 음반 구입 비용조차 부담되는 건 자명한 일. 게다가 클래식은 LP로 들어야 한다는 이상한 강박을 갖기까지 해서 밑 빠진 독에 물 붓기 식으로 돈이 지출되었다. 지금 생각해 보면 실소가 터질 일이지만, 그때는 오디오가 인생이었고 음반은 일상이었다.

하루에 다섯 시간 이상을 음악을 듣고 또 들었다. 가히 클래식 음반 비평을 할 기세였다. 어림잡아 스피커만 열다섯 번 정도 바꿨고, 앰프도 열 번 이상을 바꿈질했다. AD플레이어도 마지막에 골드문트를 가졌으니 속칭 여한 없는 '오디오질'을 한 셈이다.

고급 오디오에 명반을 갖추고, 고급 케이블과 완벽한 방음장치를 한 시청 공간에서 음악을 들으려고 애썼다. 한 치의 잡음도 허용치 않으려 했고, 바이올린 소리만 들어도 '스트라디바리우스'인지 '과르네리'인지 아니면 '아마티'인지 알아내야 직성이 풀렸으며, 베토벤의 교향곡을 들을 때 지휘자가 클라이버인지 카라얀인지를 알아야 속이 시원할 정도였다. 음악을 들을 때마다 촉수를 잔뜩 세우고 있었으니, 음악 감상이 행복하기는커녕 고역이었다. 나는 음악이 아닌, 소리를 듣는 사람이 돼 버린 것이다.

그러던 어느 날 클래식 동호회에서 알게 된 후배 집에 초대를 받았다. "형, 전 그냥 평범해요. 오디오라고 할 것도 없어요, 형에 비하면." 한껏 겸손을 부린다고 생각했다. 말이야 그렇지, 놀랄 만한 것 하나쯤은 있을 거라 믿었다. 부모님과 같이 사는 단독주택의 녀석 방엘 들어갔더니, 정말 오디오라고 할 것도 없는 단출한 시스템이 놓여 있었다. Integrated 앰프와 제작된 지 20년도 넘은 미국산 AR2ax 스피커 1조와 필립스 AD플레이어가 전부였다. 클래식에 관한 녀석의 내공으로 봐선 ALTEC이나 B&W는 능히 쓸 거라고 여겼기에 충격은 더 컸다. 진짜 놀랄 일은 다음에 벌어졌다. 언젠가 얘기했던 제일 좋아하는 음반이라고 하면서 라두 루푸와 머라이 페라이어가 연주하는 모차르트를 들려주는데, Oh my god! 기절하는 줄 알았다. 내 시스템의 10분의 1 가격도 안 되는 이 단출한 오디오에서, 내가 꿈꾸던 소리가 흘러나왔기 때문이다. 지난 5년간, 내가 그토록 찾아 헤맸던 바로 그 소리였다.

평범한 오디오로 음악을 듣는 녀석이었다. 제대로 된

액세서리 하나 없이 순수하게 음악 감상에 집중했고, 예리한 분석은 못 해도 자신이 들은 음악을 실감나게 얘기할 줄 알았으며, 바이올린과 비올라 소리는 구분하지 못해도 그것이 음악을 좋아하는 데 하나도 장애가 되지 않았던, 음악 속에서 감동을 느끼고 행복을 느끼는, 진짜 음악 애호가였다. 하나같이 좋은 음반과 좋은 보존 상태가 눈에 들어왔다.

한없이 부끄러워 쥐구멍을 찾고 싶었다. 나는 음악을 좋아한 게 아니라 단지 소리를 좋아했다는 게 입증되었기 때문이다. 그날 이후, 나는 오디오를 하나둘 떠나보내기 시작했다. 저렴한 가격의 대중적인 사양으로 다운그레이드하자, 뜻밖의 좋은 소리가 따라왔다. 하드웨어의 레벨이 떨어졌는데 오히려 소리에 대한 만족도는 커진 것. 모든 게 마음에 달린 셈이었다. 나는 따지고 분석하며 스스로를 옭아맸고, 녀석은 그저 음악 자체를 즐겼다.

요즘도 음악을 듣는다. 하지만 오디오 매장은 얼씬도 안 한다. '너는 즐기는데 난 따지기나' 했던 어리석은 시절과 안녕을 고했기 때문이다. 쇼팽인지 멘델스존인지 몰라도 상관없고, 박하우스인지 리히터인지 알아야 할 필요가 전혀 없다. 내 마음이 평안해지고 즐거울 수 있다면, 마리아 칼라스이든 블랙핑크든 모두 환영이다. 예술은 그렇게 가슴으로 받아들이는 순수한 체험 그 자체인 것을.

어리석었던 내 오디오 편력은 그렇게 막을 내렸다. 내가 처음에 조금 더 신중했더라면, 조금 더 지혜로웠더라면 달라졌을까. 그래 봐야 열다섯 번에서 다섯 번 정도로 바꾼 횟수를 줄였을까. 아니면 단번에 최상급을 들여놓고 만족했을까.

정보 과잉 상품 과잉의 시대라서인지 요즘은 입문부터 고급자용으로 장착하기 일쑤다. 주말 근교 산행을 하면서 히말라야 원정대용 장비로 무장한 이들이 눈에 띄는 건 이 때문이다. 어차피 조금씩 업그레이드할 바엔 처음부터 최고급을 선택하겠다는 나름의 전략일 터.

장황한 이야기는 여기서 끝내고 다시 글쓰기로 돌아오자. 좋은 선배와 스승을 만난다면 수업료 출혈을 최소화하고 단번에 혹은 몇 번 만에 최상의 효용을 맛볼 수 있는 취미 생활과 글쓰기는 조금 다르다. 아니 많이 다르다. 아무리 럭셔리한 삶을 사는 사람이라도 글은 단번에 좋아지지 않는다. 한 번에 완성해서 탈고하는 작가가 있다는 얘기를 들어본 적 없다. 쓰고 고치고 또 쓰고 고치기를 반복하는 가운데 글은 좋아지기 마련이다. 불면의 밤과 머리를 쥐어짜는 분투로 쌓아 올린 시간만이 글쓰기의 수업료이다. 심지어 스스로 지불해야 한다.

인풋이 없으면 아웃풋도 없다

모르는 전화였다. 아는 이의 소개로 연락했다고. 글쓰기 개인 지도에 관한 문의였다. 코로나 시절이었고 미래가 불확실한 상황이었는지라 수입원이 하나라도 늘면 좋겠다 싶어(그래도 테스트는 꼭 거친다) 한글 파일 한 쪽 분량의 글 한 편을 보내 달라고 했다. 하루가 지나서 글이 왔고, 읽고는 바로 답장했다. 다음에 기회 되면 하자고. 내가 손댈 수 없는 수준이었다.

이런 부류의 특징은 A4 한 쪽 이상 쓰기를 무척 힘들어한다는 것. 이유는 간단하다. 평소에 그 정도 긴 글을 읽지 않기 때문(한 쪽을 긴 글이라고 말하는 것부터가 이상하지만). 거칠게 말하자면 '읽기'에 소홀했기 때문이다(심지어 SNS 댓글이 하루 중에 쓰는 가장 긴 글인 사람도 부지기수일 터). 읽기에 소홀하다 보니 사유에 한계를 느끼고, 긴 글은 언감생심일 수밖에.

어떤 글쓰기 선생은 무조건 쓰라고, 쓰면 늘게 돼 있다고, 그러니 일단 쓰기를 요구한다고 들었다. 말을 전달한 이의 앞뒤 맥락으로 보아 뭐든 생각나는 대로 쓰는 게 중요하다는 걸로 이해되었다. 그렇게 쓰다 보면 글이 늘기 마련이라는 것. 그렇다면 사람들은 왜 일단 무조건 쓰지 못할까? 쓰다 보면 향상되는 게 맞는 얘기라고 치자. 그래도 선뜻 쓸 수 없는 이유. 당연히 아는 게 없어서다. 일본 최고의 독서가 다치바나 다카시는 말한다. "공들여 텍스트를 파고든 적이 있는 사람과 줄거리만 알고 머릿속에 들어왔었다는 느낌만 있는 사람은 세상사에 대한 이해의 깊이가 전혀 다릅니다." 일단 쓰다 보면 는다는 무책임한 말에 기함했지만, 충분히 알면서도 안 쓰는 것보다야 낫지 않겠나 싶어 더는 언급하지 않기로 했다.

당연한 얘기지만, 글쓰기에 우선하는 게 읽기이다. 일

단 무조건 쓰다 보면 필력이 늘어난다는 건 어불성설이다. 몇 달 만에 책 쓰기가 가능한 강좌, 3개월이면 당신도 작가가 될 수 있다고 유혹하는 프로그램, 심지어 매뉴얼을 가르치는 강좌도 있다고 들었다.

책 읽지 않고도 책을 쓸 수 있다는 주장이 이상하게 들리지 않은 인문학 열풍 속에서 살고 있다. 마치 민주화를 부르짖던 80년대 일부 운동권 조직이 가장 비민주적으로 운영되었던 것과 비슷하다면 과한 비유일까. 한 번 더 강조한다. In Put 없이 Out Put 없다.

책을 내고 싶다고요?

북 카페에서 특강을 했다. '책 쓰기'가 주제였다. 책을 내고 싶거나 책 쓰기에 관한 팁을 얻으려는 분들이 아침 일찍부터 모였다. 내가 먼저 물었다. 일 년에 신간이 몇 종 나오는지 아시냐고, 여러분은 일 년에 책을 몇 권이나 사느냐고, 그렇다면 당신이 책을 낸다면 몇 권이나 팔리겠냐고. 스티븐 킹이 말했다. "나는 책을 한 권도 안 사면서 내가 쓴 책을 남이 사 줄 거라 기대하는 건 도둑놈 심보"라고.

코로나를 기점으로 줄었다 해도 매년 평균 6만 종 이상의 책이 시장에 나온다. 6만 종이면 일주일에 1,200종의 신간이 쏟아진다는 얘기다. 당신이 책을 내고 운이 좋아 대형 서점 신간 매대에 놓였다고 쳐도 판매량이 대단하지 않으면 일주일 만에 벽면 서가로 직행한다. 미안하지만, 당신 책의 운명은 그걸로 끝이라고 해도 무방하다. 남 탓할 거 없다. 당신부터 얼마나 책을 샀는지 돌아볼 일이니까.

책을 내고 싶다고, 책을 쓰고 싶다고 찾아온 이들에게 두 가지 질문을 던진다. 첫째, 마지막으로 책을 산 게 언제인가요? 놀랍게도 한 달에 아니 분기에 책을 한 권도 안 읽은 이가 태반이었다. 그러니 책을 사러 서점에 마지막으로 간 날이 언제인지 모르는 건 당연한 일. 스티븐 킹의 말대로 자기는 책을 안 사면서 내가 쓴 책을 남이 사 줄 거라고 착각해선 안 된다.

두 번째, 책을 내면 몇 권이나 팔 수 있을 거 같아요? 처음엔 누구나 자기 책이 잘 팔릴 거라 확신한다. 이런저런 근거를 대면서 숫자를 구체화한다. 내가 속한 단체가 몇 개이고, 총동문회 수석부회장이고, 어떤 모임의 간사이고, 어디 연합회 총무이고, 등등 기타 등등. 그렇게 계산

하면 1쇄 1,000부는 못 팔겠냐는 것. 내 대답은 간단하다. 예상하는 숫자의 5퍼센트 정도가 산다고 생각하세요. 자기 주위에서 책 낸 사람이 있을 때 인터넷에서 구매했는지, 서점에서 발견하고는 책을 집어들었는지 기억해 보는 게 먼저다. 사람들은 그리 쉽게 책을 사지 않는다. 말로는 책 나오면 꼭 살게, 사인해 주세요, 책 나오면 우리가 좀 사 줘야지, 너스레를 떨지만 정작 책이 나오면 상황은 달라진다는 것. 오죽하면 1쇄를 못 넘긴 작가들 모임이 다 있을라고.

다시 특강 얘기로 돌아가면, 누구나 책을 쓰고 누구나 작가가 되는 시대다. 그게 별건가. 책 내면 작가가 되고, 회사 때려치우고 글 쓴다고 거들먹거리면 전업 작가이고, 일인 미디어지. 작가가 대체 뭐라고. 그러니 책 내는 데 안간힘 쓰지 마시라고 했다. 책 내 준다는 유혹에 빠지지 마시라고, 세상에 공짜 점심은 없다고.

정상적인 출판사는 최소 6개월에서 1년 치 출판 스케줄을 미리 세운다. 즉, 당신이 책 내기로 마음먹었다고 치자. 돈만 주면 8주 만에 원고가 만들어지고 석 달 안에

뚝딱(묻지도 따지지도 않고) 책을 내 줄 수 있는 출판사라면 안 봐도 뻔하다. 그런 출판사에서 책을 내면 두고두고 창피할 거라고. 그러니 아무 데서나 책 내지 말라고 했다. 아, 선거를 앞둔 정치인이 급하게 출판기념회가 필요할 때 내는 책은 예외로 하고.

뭔가 얻고자 아침 일찍부터 자리한 사람들에게 희망이 아닌 절망을 안겼다. 난 왜? 늘 이 모양일까.

【제2장】

기억하고 기록하는
삶을 위하여

네, 수영을 못합니다

2022년에 나온 일본 영화 〈네, 수영을 못합니다〉를 보았다. 영화는 두 번의 트라우마로 물을 무서워하는 대학교 철학 강사의 이야기를 그렸다. 그는 어린 시절 삼촌이 바닷물에 강제로 입수시킨 충격으로 물을 무서워했고, 성인이 돼서는 가족 바캉스에서 아들이 급류에 휩쓸리는 걸 보고도 허둥대다가 아이를 잃은 후 물과의 교감을 완전히 상실한다. 세면대에서 세안하는 것조차 힘들어 물수건으로 해결하던 그가 수영을 결심하게 된 건 마음에 둔 미혼모 나미에를 만나면서부터였다. 그녀의 아들을 지키기 위해 같은 실수를 두 번 다시 하지 않기 위한 다짐에서였는데, 시작부터 쉽지 않다.

 여기까지 쓰고는 침대로 갔다. 토요일 새벽이었고 눈꺼풀이 내려앉았기 때문이다. 새벽녘에 잠에서 깨어 몇 시간 전 본 영화를 떠올렸다. 몇 개의 키워드가 생각났다. 수영, 트라우마, 물 공포, 푸코, 반기억 등등 기타 등등. 그리고 '함께 살아가기', 즉 트라우마에서 벗어나려 억지로 애쓰기보다는 사실을 인정하고 정면으로 마주하며 찬찬히 현실에 적응하겠다는 인물의 결심에서 몇 개의 영화를 떠올렸다. 예컨대 힘들게 모은 돈으로 내 집 마련에 성공한 남자와 그 집에 터줏대감인 처녀 귀신과의 동거기 〈귀신이 산다〉. 어렵게 입주한 최저가 원룸이 옆집과 벽이 붙었고 모든 소리가 들리는 최악의 방음 속에서 평화로운 공존을 모색하는 〈빈틈없는 사이〉. 또 평생을 괴롭혀 온 강박과 가상의 인물들과 공존함으로써 평정을 되찾고 노벨경제학상을 수상한 존 내시의 이야기 〈뷰티풀 마인드〉까지.

 아침에 눈을 뜨자마자 노트를 펴 순식간에 써 내려갔다. 본시 잠결에 떠올린 생각이란 것이 잠에서 깨면 연기처럼 사라지기 십상이라서 고민하지 말고 우선 쓰고 보자는 게 내 방식이다. 또박또박 정자로 쓸 필요도 없이 속기용 필기구(트라디오)로 휘갈겼다. 며칠 뒤면 노트를 펴 놓고 (신문사로 보낼 영화 칼럼을) 노트북에 옮겨 쓰게 될 것이다. 사실 이런 방식으로 원고 뼈대를 채우는 건, 열 번 중에 한 번이 될까 말까 하다.

오늘은 비교적 기억이 선명하고 확실해서 필기에 어려움이 없었지만, 어떤 때는 반 토막 난 기억으로 인해 머리를 쥐어짤 때도 비일비재하다. 내 경험상 이런 상황에선 기억을 멈추는 게 상책이다. 쥐어짜 봐야 기억이 나지 않을 게 빤하기 때문. "침대에서 한 말은 믿지 말라"는 경구가 있듯이 침대에서 생성된 아이디어는 평소 일상에서 얻은 소재들보다 휘발성이 몇 배나 더 강하다. 그래도 오늘은 운이 좋은 편이었다.

다이어리와 메모지와 수첩

라디오나 TV를 듣고 보지 않는다. 정확히 말하자면 집에 텔레비전이 없다. 2010년부터였을까. 아니면 그보다 더 오래전이었을까. 아무튼 2010년대 이후로 텔레비전을 없앤 건 분명하다. 특별한 이유는 없다. 다만 최근 15년 사이 내가 가장 잘한 일 중 하나가 텔레비전을 없앤 것이라고 자평하곤 했다. 멀쩡한 정신으로 최소한 내 명대로 살고 싶어서다. 가짜와 진짜를 구분하는 법을 터득하면서까지 뉴스를 접하고 싶진 않다는 얘기. 좋은 사람도 못 보고 사는 마당에 보기 싫은 얼굴, 듣기 싫은 목소리 보고 들을 생각이 없다는 뜻이다. 영화를 어떻게 보느냐고? 큰 모니터로 본다. 텔레비전처럼 크지는 않아도 영화를 감상하기엔 부족함이 없다. 요즘 화질이 뛰어나고 화면비도 다양한 모니터가 많기도 하고.

매체를 직접 마주하지 않는 대신 쓸 만한 정보와 이야기를 접하는 대로 적는다. 길을 걷다가 이야기를 나누다가 밥을 먹다가 또는 잠을 자다가도 무언가 머릿속을 떠다니는 단어나 상황들이 뜨면 조건반사로 잊지 않고 기록한다. 기억은 기록의 자양분이고, 기록된 기억만 생명력을 보존한다.

"인식하는 것만 기억할 수 있다"는 유명한 명제에 따르면. 내가 기록한 것은 내 스스로 인식하여 기억의 보관함에 넣어 둔 것이다. 나는 기록장을 펴고 기억을 다시 떠올림으로써 인식의 시점으로 나를 보내어 이야기를 만들어 간다. 내가 글을 쓰는 방식이다.

틈나는 대로 기록하다 보니 노트가 많다. 실용적이고 멋진 디자인의 노트를 보면 눈이 커지고 손이 먼저 지갑으로 간다. 수첩과 노트를 사려고 라디오와 TV를 멀리한 건 아닌데 결과적으로 그리 되었다

외워야 사는 남자

2024년 3월 10일 대백프라자 프라임홀. 아홉 번째 '시네마 콘서트'였다. 내 역할은 기획과 해설이다. 공연 시작 전까지 모든 홍보와 매표와 잡무도 내 몫이다. 프로그램상 여덟 번째 곡. 영화 〈원티드〉와 사라 브라이트만의 〈Time To Say Goodbye〉를 소개할 시간이다. 내가 작성한 간략한 콘티에 의하면 나는 이렇게 얘기할 예정이었다.

　감독은 티무르 베크맘베토브. 카자흐스탄 출신의 러시아 사람이고 『뱀파이어 헌터, 에이브러햄 링컨』의 영화판을 연출한 사람이다. 마크 밀러의 그래픽 노블 원작을 마이클 브랜트와 데릭 하스가 각본을 썼는데, 마이클 브랜트는 제임스 맥어보이가 연기하는 주인공 웨슬리의 (암살자로서) 첫 번째 임무, 즉 첫 번째 타깃이 되는 희생자 이름을 '로버트 다든'이라고 붙인다. 로버트 다든은 마이클 브랜트의 대학 시절 글쓰기 과목 지도 교수였다. 마이클 브랜트는 〈분노의 질주〉에서도 첫 번째로 죽는 캐릭터 이름을 로버트 다든으로 붙인 바 있다(교수에 대해 어떤 감정이 었는지 짐작이 간다). 외에도 출연 배우로 모건 프리먼, 안젤리나 졸리 등등.

대략 이런 내용을 해설하면서 콘서트할 때마다 적게는 200명 많게는 300명의 이름과 명칭과 영화 제목과 캐릭터까지(〈원티드〉는 카 체이싱이 나오니까 자동차 이름도 외워야 한다. 쉐보레 콜벳, 포드 머스탱, 캐딜락 엘도라도) 암기해야 한다고 관객에게 말했다. 사실이 그랬다. 영화는 제목과 배우와 캐릭터 이름은 기본이고 부수적으로 기억해야 할 이름이 너무 많다. 때로는 역사 연보와 전쟁과 무기와 심지어 어느 지역의 특산물과 농민 봉기의 주동자 이름까지 외워야 할 때도 있으니까 말이다. 괜히 영화를 종합예술이라고 부르겠나.

공연을 한 달 정도 앞두고는 매일 산책 시간마다 사전에 작성한 콘티를 떠올리면서 외우고 또 외운다. 나 홀로 리허설인 셈이다. 속으로 해설을 하고 스마트폰으로 음악을 듣고 또 해설하고 듣는 행위의 무한 반복이다. 연주곡의 특징과 분위기를 온전히 파악하면서 동시에 부드럽고 군더더기 없는 해설을 완성시키는 게 목표다. 내 집에서 출발하여 크게 한 바퀴를 돌면 40여 분이 소요되고, 이 시간이면 열 곡 해설 시뮬레이션이 완벽하게 가능하다.

내가 시네마 콘서트를 할 수 있는 시간은 내 기억력의 유효 기간과 일치한다고 봐도 무방하다. 콘티에 의존하지 않고도 능숙하게 말할 수 없을 때, 원고를 보고 거의 읽다시피 하는 상황이 온다면, 그 정도로 기억력이 감퇴되고 총기가 사라지면, 미련 없이 접을 것이다.

관객에겐 영화와 음악을 동시에 즐기며 추억에 젖는 시간이고, 연주자에겐 충성도 높은 관객과 호흡하면서 새로운 레퍼토리와 경험과 의미를 두루 획득할 수 있는 기회이겠지만, 내겐 외우고 또 외운 것들을 실수 없이 막힘 없이 입 밖으로 내보냄으로써 나의 기억력을 테스트 받는 시간이다. 나는 외워야 사는 남자다.

한 권으로 읽는 브리태니커

방금 『한 권으로 읽는 브리태니커』 읽기를 마쳤다. 브리태니커 백과사전 완독에 성공한 남자의 이야기라니. 백과사전을 완독하겠다는 생각부터가 범상치 않다. 저자 제이콥스의 백과사전 탐독기를 쫓다 보면 놀라운 일의 연속인데, 특히 그의 기억력과 몰입도 앞에선 절로 무릎을 꿇게 된다. 나름의 방법과 규칙을 세워 외우기를 반복한 결과라고는 해도 3만 3천여 쪽의 백과사전을 완독도 모자라 외워 버리다시피 했다니. 물론 가족과 친구들은 쉼 없이 쏟아지는 지식의 보고에 질려 버린 지 오래지만.

저자가 브리태니커를 외운 방법은 모듈화와 대칭 구조

의 활용이다. 특히 모듈화 방식은 하나의 단일 지식으로 저장하므로 기억이 일정한 형태를 갖는다. 흩어진 물은 전달할 수 없듯이 기억도 덩어리 지어 보존해야 한다.

나 역시 외우는 일에 천착해 온 사람이다. 초등학교 시절이었나, 일본 후지TV 출연으로 유명해진 암기왕 손주남 박사가 텔레비전에 나와 엄청난 암기력과 기억력을 선보였다. 어린 마음에 나도 저 아저씨처럼 기억력이 출중한 사람이 되리라, 다짐한 게 시발점이 된 듯하다. 그래 봐야 마음일 뿐, 기억력 증강을 위해 특별히 훈련을 받거나 학원에 다닌 것은 아니었다.

흥미롭게도 나의 기억력은 꽤나 쓸 만한 경지로 발전되었다. 흘깃 본 영화 포스터의 내용을 거의 빠짐없이 기억했고, 사물과 인물의 특징을 찾아내 사진 찍듯이 포착하는 일종의 모듈화 방식으로 기억을 저장해 왔다. 히말라야 8,000미터급 14좌의 이름과 높이 정도는 당연히 술술 나와야 하고, 1킬로그램은 1,000세제곱센티미터 물의 무게로 정의되는데, 1킬로그램이 파리 근교의 세브르라는 마을에 백금-이리듐 원통으로 만들어져 실존하고 있다는 놀라운 사실도 기억하게 되었다.

친구들은 쓸데없는 거 외우는 데 선수라며 놀렸지만 가끔은 쓸데없다고 여긴 기억들이 화려하게 등장해 빛을 발하기도 하였다. 언젠가 우연히 식사 자리에 동석하게 된 배우 최덕문은 자신이 〈박하사탕〉에 단 2초 나온 장면(그것도 고개를 처박은)을 내가 기억하는 것에 혀를 내둘렀다. 이처럼 나의 기억력은 영화평론가라는 직업을 지키는 데 일등 공신이 돼 주었다. 영화는 종합예술이라서 감독과 배우와 배역과 스태프 말고도 온통 외워야 할 이름과 장소와 물건들로 가득하니 말이다.

한편 전혀 기억이 떠오르지 않아 낭패인 적도 있었다. 명함까지 주고받았고 얼굴은 낯이 익지만 이름을 기억 못한 일, 예컨대 영화제 라운지에서 만난 어느 필리핀 감독은 내게 먼저 악수를 청하며 친근하게 다가온 반면 나는 당황스런 표정으로 그가 누군지 기억해 내지 못했다(그가 작년과 달리 수염을 길렀고 머리가 반삭이었다는 게 변명 거리가 될까). 이렇게 전후가 안 맞고 기억력이 들쭉날쭉해서야. 만약 올바르게 기억력을 신장시켜 왔다면『한 권으로 읽는 브리태니커』의 저자까진 아니더라도 새뮤얼슨의 『경제학』 정도는 달달 외웠을 텐데.

따지고 보면 세상의 거의 모든 불행은 나쁜 일들을 잊지 못한 채 기억을 고집하는 데서 벌어졌는지도 모른다. 하수상한 시절, 지워 버릴 것과 반드시 기억해야 할 것을 잘 구분하는 지혜가 필요하다. "기억이 중요한 게 아니라 의미 있는 것을 기억하는 게 중요하다"는 얘기. 개인사라고 해서 다를 게 없을 것인즉 기억을 역사로 만드는 동력은 기록이다. 흔적을 남기는 일이다. 그러니, 반드시 기억하고 기록하자. 무엇을? 무엇이든!

헤어초크의 책 서평을 쓰다가

매주 금요일 일간지 책 코너에 칼럼을 연재하고 있다. 매주 글을 쓰는 건 어렵지 않으나 문제는 내 본업이 (책이 아닌) 영화라는 점이었다. 책 한 권을 다 읽고 정리해 글을 완성하려면 한 주가 짧다. 나름대로 세운 전략은 이랬다. 책은 무조건 완독하되 정독할 책과 속독할 책을 나누고 속독하는 경우 다른 자료와 정보로 부족한 내용을 채운다.

언젠가 내 분야인 영화 관련 책에 관해 다루기로 마음먹었을 때, 뉴 저먼 시네마 감독 중 하나인 거장 베르너 헤어초크가 출간한 책을 만났다. 클래식 음반 전문 매장

풍월당이 만든 출판사 '밤의책'에서 나온 『얼음 속을 걷다』이다. 책을 읽은 후 그의 영화를 몇 편 보았다. 책 분량이 많지 않아서 가능했다. 대표작들을 본 후 이렇게 메모했다.

각설하고, 헤어초크 영화는 언제나 습하거나 뜨거웠으며 건조했다. 그래서 좋았다. 파스빈더와 벤더스의 영화는 누군가 계승할 수도 있겠으나, 헤어초크는 거의 유일무이한 대체 불가의 영화 언어를 창조했으니까. 그가 쓴 책을 읽자마자 〈피츠카랄도〉를 다시 보았고, 파리를 향해 걷는 헤어초크를 만났다.

그런 다음, 다음과 같이 원고를 채우기 시작했다. 칼럼의 도입부다.

나는 배를 끌고 산을 넘어 기어이 카루소의 절창을 아마존 강물 위에 수놓은 영화 〈피츠카랄도〉를 기억한다. 정글 속 오페라하우스를 짓겠다는 한 남자의 염원을 이룬 인물은 독일 영화감독 베르너 헤어초크이다. 〈피츠카랄도〉에서 배우와 스태프는 실제로 배를 산으로 넘기는 사투를 벌이면서 영화를 완성했다. 헤어초크라서 가능한 일이었다. 헤어조크가 누군가. 〈아귀레, 신의 분노〉를 찍을 때, 촬영을 거부하는 주연배우 클라우스 킨스키에게 권총을 겨눈 걸로 악명 높은 인물 아니던가. 저 끈질긴 생명력과 집요함이 어디에서 비롯되었는지 궁금했다. 헤어초크가 품은 화염 같은 광기의 근원을 보고 싶었다. 뜻밖에 해답은 영화가 아닌 책에 있었다.

베르너 헤어초크의 영화를 몰랐다면, 다시 보지 않았다면 쓸 수 없는 글이었다. 책 내용은 존경하는 영화인의 생존을 간절하게 바라면서 파리를 향해서 걸어간 기록이 전부니까. 그저 걷는 이야기로 채워진 책에서, 그 황량하고 얼음장 같은 공기 틈에서 무언가를 찾아내야 한다면 그건 헤어초크 자신의 영화밖에 없을 거라고 믿었다. 아는 만큼 보이고, 알아야 쓸 수 있다는 말은 여전히 참이다.

기록은 나의 힘

생각해 보면 학창 시절부터 필기에는 이골이 날 정도였다. 국민학교 때는 일기를 잘 쓴다고 매 학년마다 상장을 받았고, 그보다 더 일찍은 받아쓰기 잘한 보상으로 용돈을 받았다. 그러니까 나란 아이는 글을(정확하게는 글씨를) 또박또박 잘 쓰면 돈이 생긴다는 준엄한 진리를 한글을 깨우치는 것과 동시에 터득했으니, 받아쓰기는 칭찬과 용돈 두 마리 토끼를 잡을 수 있는 최상의 놀이였다. 나의 자본주의는 글쓰기에서 시작되었다고 해도 과언이 아니다.

필요할 때마다 수시로 메모하고 메모한 것을 노트에 옮기는 행위는 성인이 되어서도 변하지 않았다. 아니 더 집요하고 정교한 방식으로 나만의 노트 사용법을 발전시켜 오늘에 이르렀다. 달리 말하자면 노트는 나의 힘의 원천이었다.

나는 필요와 목적에 따라 대여섯 권의 노트를 동시에 사용한다. 예컨대 매년 내지를 바꿔 쓰는 다이어리가 있고, 책상엔 두 권의 노트가 놓여 있으며 백팩 속엔 한 권의 노트와 한 권의 메모지가 들어 있다. 또한 지금처럼 새 책을 쓰기 시작하면 집필용 노트를 별도로 두 권 더 쓴다. 오로지 신작 원고와 관련한 자료와 정보 등을 수집 요약해 놓는 용도이다.

평소 노트나 다이어리 사용에 무딘 사람은 스마트폰 하나면 다 해결될 일인데 뭘 그리 번거롭게 적고 옮기고 또 적어서 옮기기를 반복하느냐고 반문할지도 모른다. 비효율적이고 비경제적이라고 힐난할 수도 있겠다. 하지만 전혀 그렇지 않다. 노트 필기에는 단순히 메모 차원이 아닌, 생각을 다듬고 정리하는 과정이 포함되어 있다. 어차피 마지막 결실은 컴퓨터에서 맺겠지만, 그전에 최대한 양질의 모종을 심어 놔야 하고 그 장소가 노트라고 이해하면 될 것이다. 생각날 때마다 잊지 않고 노트에 메모하는 습관을 기르지 않았다면, 나의 글이 어떤 모습으로 바뀌었을지 모르겠다.

책상에 앉으면 왼쪽에 놓인 두 권의 노트가 보인다. 초록색 커버의 클레르퐁텐과 오렌지색 헤른후트가 그것인데, 클레르퐁텐은 책 칼럼과 관련한 내용을 메모하는 용도이고 헤른후트에는 영화 관련 자료를 모아 놓는다. 이 둘은 늘 위아래로 쌍생아처럼 붙어 지낸다. 자리도 배열도 한결같다. 게다가 언제나 펼쳐서 쓸 수 있도록 만년필과 연필 바로 앞에 배치해 놓았다. 어떤 생각은 삽시간에 지나가기 일쑤여서 머리에 섬광이 뜨자마자 동물적 감각으로 펜을 쥐고 노트를 펴야 하기 때문이다.

한때 SNS에선 가방 속 상시 소지품을 공개하는 '왓츠 인 마이 백'이 유행이었다. 연예인 가방의 담긴 소지품을 늘어놓고 설명하는 콘텐츠인데, 남의 속사정을 보고 싶은 인간의 호기심, 훔쳐보려는 심리를 잘 이용한 듯하다. 연예인이 아니더라도 인플루언서나 셀럽들도 동참해 자기를 보여 주었다. 이런 콘텐츠를 볼 때마다 (약간의 각색과 의도가 포함되었겠지만) 가방에서 노트와 필기구가 나온 예가 적다는 사실은 무척 아쉬웠다. 매니저와 코디네이터가 일거수일투족을 밀착 관리하는 연예인이니 그럴 만도 하겠지만, 직장인의 가방에서도 드물게 보였다는 건 일종의 충격이었다. 나같이 평범한 사람이 가방 속을 공개할 일은 없을 테니 이 지면을 빌려 말하자면 내 가방 속에는 늘 몰스킨 노트 하나와 뜯어 쓰는 작은 메모지가 들어 있다. 필통과 만년필 파우치는 물론이다. 길을 가다가도 재밌거나 신기하거나 멋진 단어와 문구가 보이면 우선 스마트폰 카메라로 찍고, 노트에 옮긴다. 집으로 돌아오면 다시 노트에 옮겨 보관에 들어간다. 이처럼 적게는 두 번 많게는 세 번의 과정을 고쳐 쓰면 쉽게 잊어버리지 않는다.

인식한 것만 기억하고 기억을 영구히 보존하기 위해 기록하는 습관은 나이 들수록 더 소중하고 귀하다. 점점 기억력이 감퇴되는 신체의 퇴화에 맞설 수 있는 거의 유일한 수단이 기록이기 때문이다. 의심할 바 없이 기록은 나의 힘이다.

60번째 생일날 문구점에 간 남자

생일이면 짧게는 이삼일, 또는 (다양한 모임과 집단에 속한 사람이라면) 일주일을 훌쩍 넘기거나 심지어 한 달 내내 생일 모임으로 북적대는 사람도 있다. 하물며 60년에 한 번 돌아오는 환갑 생일임에랴. 100세 시대인 요즘이야 잔치를 생략한다지만 80~90년대만 해도 환갑은 집안의 큰 경사였다.

내 아버지의 환갑잔치는 실제 나이를 3년이나 넘긴 1981년에 집에서 치렀는데, 생각해 보면 무척 요란하고 대단하고 화려했다. 마당과 거실과 안방까지 가득 메운 손님 대접하느라 어머니와 도와주시는 분들은 무척 힘들었을 테고, 당일에 못 온 축하객이 며칠 뒤까지 이어져 간간이 잔칫상을 차려 내는 수고가 끊이지 않았다. 다행인 것은 서울에서 터 잡고 밥 먹으며 가족을 잘 건사한 세월이 당신 혼자의 것이 아니었음을 아버지는 잘 알고 계셨다는 사실이다. 아버지는 어머니의 노고를 기억하고 감사하는 마음으로 평생을 사셨다. 8년 뒤 어머니의 환갑은 (두 분은 열 살 차이가 났다) 호텔 뷔페에서 치렀다. 생일상 차려 줄 딸과 며느리가 없어 아버지가 선택한 방식이었다. 그리고 2023년 나도 그 나이가 되었다.

나의 60번째 생일은 토요일이었다. 격주마다 하는 공부 모임을 마치고는 시내로 나갔다. 계획은 환갑을 기념하는 밥을 먹고 내 자신에게 주는 선물 구입하기. 당초 예정은 좋은 곳에서 식사를 하고 백화점에서 뭔가를 살 계획이었으나 생각이 바뀌면서 뜻하지 않는 방향으로 하루가 흘러갔다. 먼저 생일을 자축하는 선물을 사기 위해 (대구 유일의) 일본 문구 전문점으로 향했다. 관심 없는 사람이야 대도시 한복판에 이런 곳이 있는지조차 모르겠으나 내겐 즐거운 놀이터라서 골목 입구에만 들어서도 가슴이 콩닥 거린다. 이곳은 특히 미도리사 제품으로 가득한데, 여행용 수첩은 명불허전이고 다양한 아이디어 상품이 널렸다. 일본 내 판매량 1위 노트인 'MD에디터'를 살 수 있는 유일한 매장도 이곳이다. 나에게 줄 선물로 MD에디터 노트를 한 권 샀다. 사실 몇 번째인지 헤아리지도 못한다. 선물로도 사곤 했으니까.

말 나온 김에 부연하자면, 노트는 다 거기서 거기가 아니다. 지불 능력이 있다면 전 세계의 좋은 물건을 얼마든지 내 책상에 놓을 수 있는 시대다. 지금은 돈이 있어도 좋은 물건을 사기 힘들던 70~80년대가 아니란 얘기. 세상에 이유 없이 좋고 비싼 물건은 없다. 즉 고가품이 꼭 좋은 건 아니지만, 좋은 물건은 어느 정도 비용을 지불해야 한다는 얘기. 내 경험상 좋은 노트는 탁월한 필기감 혹은 수용력으로 보답한다. 나 역시 오랫동안 다양한 종류의 필기구와 노트(특히 만년필과 수성펜에 특화된)를 사용하면서 나름의 기준으로 좋은 물건을 선별하는 눈을 얻었다. 물론 수업료도 톡톡히 치렀다.

만년필 전용 노트가 따로 있어요?

 어느 날이던가, 매일 들여다보는 SNS 계정에 아는 선생님이 만년필로 필사한 사진을 올렸다. 문제는 한눈에 봐도 노트에 잉크 번짐 현상이 심했다는 거. 이런 걸 봐도 그런가 보다 해야 하는데 아직 수양이 부족한 탓인지 눈에 거슬렸다. 하여 조심스레 만년필 전용 노트를 권해 드렸더니 그가 물었다. "만년필 전용 노트가 따로 있어요?" 조금 더 자세하게 설명하니 이후에 바로 구매하셨다.

 아무 노트나 쓰면 되지 굳이 만년필 전용 노트가 꼭 필요하냐고 묻는다면, 그렇다라고 대답할 수밖에 없다. 모든 상품은 생산 목적과 대상이 분명할 때 만들어진다고 믿기 때문이다. 그러니까 만년필 전용 노트란 만년필 사용에 가장 최적화된 노트를 말한다.

내 경우 만년필로 필기하는 이유는 부드럽게 잘 써지면서도 장시간 필기에 손목 피로감을 유발하지 않아서다. 요즘 세상에 그렇게 오래 필기할 일이 뭐가 있을까마는 현실은 다르다. 여전히 원고지에 연필이나 만년필로 원고를 쓰는 중견작가가 적지 않고, 100세를 훨씬 넘기고도 육필 원고를 쓰는 김형석 교수도 마찬가지다. 심지어 변호사 시험의 3분의 2는 서술형 주관식이라서 장시간 필기를 해야 하는 고된 노동이다. 볼펜으로 답지를 작성할 때와 만년필로 쓸 때의 피로감은 큰 차이를 보인다. 오죽하면 펠리칸사의 M200을 고시용 만년필이라고 부르겠는가. 가히 천의무봉의 잉크 흐름으로 술술 손목에 부담 없이 잘 써지기에 붙여진 이름이다. 어쨌거나 만년필로 메모나 필기할 때 전용 노트가 있다면 금상첨화일 터.

만년필 전용 노트는 종이의 평량(종이 1×1미터당 중량)이 70그램 이상 되면서 잉크 번짐 현상을 막아 주도록 가공 처리된 노트를 말한다. 물론 일반 노트를 사용해도 큰일 나지 않는다. 다만 잉크 흐름이 좋은 만년필을 일반 노트에 필기하면 잉크 번짐 현상이 생기고, 종이가 얇은 경우 뒷장에 비침도 뚜렷하다. 비싼 돈 주고 전용 노트를 사는 건 다 이유가 있다는 얘기.

내가 사용하는 노트는 다섯 종류이다. 그중 몰스킨과 헤른후트는 일반 노트이고, 나머지 세 종(로디아, 미도리, 클레르퐁텐)은 만년필 전용이다.

만년필 전용 노트에서 중요한 건 종이 재질이지만 평량도 무시할 수 없다. 노트 종이의 평량은 몰스킨 70그램, 헤른후트 80그램, 로디아 80그램, 미도리 80그램, 클레르퐁텐 90그램이다. 어떤 차이가 있을까? 같은 문장을 각기 다른 노트에 평소보다 빨리 강하게 눌러 쓰면서 필기감과 잉크 번짐과 비침을 비교해 본 결과, 필기감은 미도리 - 몰스킨 - 클레르퐁텐 - 로디아 - 헤른후트 순이었다. 잉크 번짐은 헤른후트에서 조금 보였으나 심한 수준은 아니었다. 뒷장 비침은 헤른후트가 제일 심했고 몰스킨이 다음이었으며, 나머지 3종은 비침이 거의 없었다.

결론은, 내 필압과 필기 속도 기준에 따른 만년필 전용 노트의 품질은 순위는 이렇다. 미도리가 가장 우수했고, 클레르퐁텐, 로디아, 몰스킨, 헤른후트 순이었다. 말하자면 미도리가 압도적이고 로디아와 클레르퐁텐은 우수하며 몰스킨은 일반 노트임을 고려할 때 뛰어난 편이나 헤른후트는 명성에 비해 다소 아쉬웠다. 전적으로 내 취향과 필기 습관에 근거한 결과일 따름이다.

아끼지 마, 그러다 굳어 버려

매년 3월, 봄이 올 때 즈음이면 만년필을 세척한다. 일 년에 두 번, 정기 행사다. 입는 옷만 계속 입듯 만년필도 쓰는 것에만 손이 가기 마련. 한두 번 쓰고 방치하는 사이 잉크가 굳고 노즐이 막힐까 봐 청소해 주는 거다.

처음 샀을 때의 용도와 마음을 떠올리고, 욕심과 허영이 부끄럽기도 하고. 그렇게 닦다 보면 안 쓰는 녀석들의 새로운 면을 발견하기도 한다. 그래 봐야 두 달만 지나면 두세 자루만 손에 쥘 게 뻔하지만. 사람 관계도 마찬가지일 터. 내가 만나는 사람만 만나면서 한정된 이들과 친밀감을 유지하는 건 천품 탓이다. 대신, 내 사람에겐 최선을 다하자는 쪽이다. 아끼지 말자는 주의다. 오래전 TV 드라마 〈호구의 사랑〉의 대사는 두고두고 기억에 남는다. "물감이랑 마음이랑 똑같아. 아끼지 마. 그러다 굳어 버려."

물감이 그렇듯 만년필도 방치하면 말라붙듯이 생각도 마찬가지다. 생각이 났을 때 바로바로 어딘가에 기록해야 한다. 안 그러면 쉽게 잊힌다. 그렇게 사라져 버린 생각은 다시 떠올리기 거의 불가능하다. 새벽 잠자리에서 꾸다 만 꿈 같은 것이다.

들어는 봤나, 트라디오 스타일로

 필기감이 좋다고 소문난 펜들이 있다. 예컨대 까렌다쉬 수성펜과 제브라 사라사와 유니의 제트스트림. 또 만년필 중에선 초보용 라미 사파리와 고시용 만년필로 알려진 펠리칸 M200이 대표적인데, 그러나 이들도 속도가 생명인 인터뷰 필기엔 취약함을 보인다. 녹음하면 되는 거 아니냐고, 묻는 당신은 직접 인터뷰해 본 적 없는 걸로 간주한다.

 인터뷰용 필기구가 따로 있다는 얘길 들어 본 적은 없다. 다만 유수의 기자들과 인터뷰어의 경험담에 따르면, 무엇보다 내 자신이 사용한 바에 의해 펜텔의 트라디오

스타일로(Pentel Tradio Stylo)를 인터뷰용 펜 반열에 올린다. 1979년 펜텔사에서 만년필보다 싸면서 수성펜보다 잉크 흐름이 좋은(식물의 모세관 현상을 플라스틱 심지에 적용한) 플라스틱 펜촉을 개발해 완성한 게 트라디오 수성펜이다.

플라스틱 펜촉이고 삼각형 모양에 예민하게 각을 이룬 모습 때문에 처음엔 어색할지 모르겠으나 손에 익으면 엄청난 속도와 고른 필기감을 자랑한다. 이를테면 인터뷰어는 인터뷰이의 눈을 주시하면서 필기해야 하는데, 만년필과 수성펜은 필압이 일정하지 않아 애를 먹기 일쑤지만, 트라디오는 그런 걱정이 없다. 나는 집에서 영화를 보며 메모할 때 주로 쓰고, 외부 미팅에도 종종 이 녀석과 동행한다. 다만 리필심 가격이 사악하다는 게 유일한 단점. 그러고 보니 나도 트라디오 리필심 사러 갈 때 되었다.

세일러 만년필을 사던 날

앞서 언급했듯이 내 가방이나 백팩 속에는 늘 만년필 한 두 자루가 들어 있다. 출장이나 여행지에서 작은 수첩에 끍적이기에 만년필만 한 필기구는 없으니까. 다양한 만년필을 써 봤지만 개인적으로 유려한 필기감은 몽블랑과 펠리칸이고, 가볍고 경쾌한 느낌은 워터맨이며, 메모·속기용으론 라미와 나왈 제품이 가장 좋았다.

얼마 전 세일러의 중가 제품을 하나 들였다. 세일러는 1911년 히로시마에서 만들어진 만년필 전문 제작사이다. 세일러 만년필은 획이 많은 한글에 아주 적합한데, 닙(펜촉)이 종이 위를 미끄러질 때의 사각사각하는 소리가 귓

전에 들려오면 쾌감은 이루 말할 수 없다. 가격도 상상 이하로 저렴하니 영화로 치면 작품성과 대중성을 두루 갖춘 독립영화인 셈이다.

세일러 만년필을 구매한 건 다이어리 전용으로 사용하기 위해서다. 탁상용 대형 다이어리가 아닌 업무용 중간 사이즈를 쓰다 보니 내지의 필기 공간이 여유롭지 않다. 0.5나 0.7밀리미터 볼펜으로는 필요한 만큼의 글자를 채울 수 없어 늘 다이어리에 특화된 필기구를 고민하던 차였다. 일본 만년필이 대체로 그렇듯 세필용 닙을 선택 가능하기에 주저하지 않고 선택했다. 결과는 대만족이었다. 0.3밀리 수성펜과 미술용펜에서 느끼기 힘든 필기감과 흐름이 마음에 쏙 들었다. 디자인이 바뀌고 가격을 인상하기 전에 몇 자루 더 들여야겠다.

무엇이든 기록하는 사람은 위대하다

한 해의 마감을 앞둔 계절이면 이런저런 매체에서 올해 최고의 영화를 뽑는다. 순위 매기기 좋아하는 한국인다운 발상인데, 근원은 일본의 영화전문지 《키네마준보》가 매년 베스트 10을 꼽는 데서 찾아야 할 듯하다.

2018년의 일이다. 예의 몇 곳의 영화 매체로부터 그해 베스트를 꼽아 달라는 연락을 받았는데 큰 고민 없이 짐 자무쉬의 〈패터슨〉을 낙점했다. 솔직히 말하자면 아녜스 바르다의 〈바르다가 사랑한 얼굴들〉과 짐 자무쉬의 〈패터슨〉을 놓고 갈등했으나 결국 자무쉬 손을 들어 주었다. 뉴욕파가 누벨바그를, 그리니치 빌리지가 센 좌안(左岸)

을, 미제가 샹젤리제를 앞선 것(물론 농담이다). 한편으로 내 정서가 유럽보다 미국에 더 가깝다는 걸 방증한 셈이었다.

뉴저지 주 패터슨 시에서 버스를 운전하는 주인공 패터슨은 시상이 떠오를 때마다 수첩을 꺼내어 적는다. 패터슨이 무언가를 쓰는 행위 자체가 시적이다. 그가 버스 운전으로 보내는 하루의 노동이 곧 시라는 얘기다. 어떤 허세도 꾸밈과 과장도 없이 생각을 옮겨 적는 패터슨에게 기록은 찰나의 휴식이고 순간의 천국일지도 모른다.

무언가를 기록한다는 건 어떤 생각을 구체화하는 행위다. 머리로 상상하고 입으로 우물거리던 것들을 예민하게 고르고 정교하게 잘라 세밀하게 직조하는 자기 성취의 최고 단계이다. 자발적이고 자유롭고 자주적으로 판단하여 기록할 때 그렇다.

한때 메모하는 힘으로 삶을 바꿀 수 있다는 자기 계발 콘텐츠가 유행했다. 주머니마다 필기구와 메모지를 넣어 언제 어디서라도 메모지를 활용하라는 게 핵심이었다. 메모지 사용법도 덩달아 인기를 얻었다. 문제는 강박과 보여주기식 과제 수행으로 인한 자기기만이었다. 무엇이든 기록하는 게 중요하고 하루에 한두 개는 반드시 기록하라는 과제는 부담이었다가 압박이 되더니 강박으로 변하고 결국 노예로 만들어 버렸다. 심지어 어떤 이는 뭐든 메모를 해야 한다는 강박에 사로잡힌 나머지 (머리에 번뜩이는 걸 메모하는 게 아닌) 메모를 위해 무언가를 찾아 나서는 촌극을 벌이기까지 했다고. 그런 자신을 보고는 이 우스꽝스런 행위를 멈췄다며 쓴웃음을 지었다.

메모를 하고 기록하는 데 금기와 제한이 있을 리 없다. 무엇이든 무방할 것이다. 다만 내 생각, 내 영감, 내 감흥이어야 한다. 그래야 기록한 노트를 펼침으로써 글을 쓰다 막힌 혈을 뚫는 데 한몫할 수 있다. 억지로 강제로 못 이기는 체 메모하는 자신의 모습을 위해 메모하고 기록한다면 안 하는 게 훨씬 더 낫다.

모 영화평론가는 과거 기자 시사회장에서 영화 관람 도중 생각이 잡히는 대로 핸드폰 메모장을 열어 메모한 것으로 정평이 났다. 밝은 불빛과 자판 누르는 소리에 주위 사람은 괴로웠겠지만 집요하게 텍스트를 파고드는 그의 글의 원천은 끊임없이 메모와 어마어마한 기록에서 나온 것임을 증명한다.

이창동의 영화 〈시〉에서 양미자 할머니는 수첩과 연필로 순간을 기록한다. 기록은 곧 자기 성찰과 속죄로 이어진다. 문화센터 시 수업 마지막 날 "시를 쓴 사람은 양미자 씨밖에 없네요"라는 말은 시인의 언어란 어떻게 발화되는지를 단적으로 증명한다. 피해자 소녀의 집을 찾던 날, 소녀의 눈물 같은 빗방울 맞으며 써 내려간 그 속죄의 증명을.

내가 알고 지내는 글쟁이들은 대체로 메모에 능하고 기록을 소중하게 생각했다. 나 역시 틈만 나면 무언가를 적거나 장황한 문장을 도열하면서 생각을 정리한다. 한때는 멋있어 보이기까지 했던 만년필로 노트에 필기하는 퍼포먼스는 세월이 흘러 지극히 현실적인 대안으로 자리하게 되었다. 기억에 한계를 느끼는 동시에 기록의 절실함이 배가된 것이다.

어쨌든 쓰는 사람

운이 좋은 덕분에 알음알음으로 적지 않은 책에 관여하게 되었다. 책 쓰기 개인 지도를 맡았다는 얘기다. 책을 쓰겠다는 다부진 결심은 길어야 한두 달이고 100일쯤 지나면 생각보다 자기 밑천이 별게 아니었다는 걸 깨닫게 된다. 그러니까 슬럼프가 오면서 글 쓰는 일을 힘겨워한다는 것인데 이 고비를 못 넘기면 그대로 주저앉는다. 내가 할 수 있는 일이라고는 빤한 말로 위로하고 격려하는 것뿐. 그것도 한두 번이지 반복적으로 슬럼프를 느끼는 사람에겐 백약이 무효이다.

장황하게 얘기했지만 결국 쓰지 않으면 글은 완성되지

않고, 글이 없으면 원고가 될 수 없으며 책으로 펴내는 건 언감생심이다. 전업 작가라고 해서 글이 누에 명주실 뽑듯이 술술 나오는 건 아니다. 몇날 며칠 불면의 밤을 보내고도 몇 자 쓰지 못했을 때의 자괴감은 경험해 보지 못한 사람은 상상도 할 수 없다. 내 얘기는 아니지만.

마음을 다잡고 혹은 마음을 비우고 글을 쓴다는 식의 듣기 좋은 말은 인터뷰나 원고 안에서나 가능한 언술이다. 적어도 나를 빗대자면 꾸역꾸역 쓴다는 말이 가장 정확하다. 맞다, 꾸역꾸역. 〈밀양〉에서 전도연이 싱크대에 서서 밥을 씹듯이, 목구멍으로 넘어가지 않는 맨밥을 살기 위해 억지로 넘기듯이. 할당된 원고 양을 채우고 약속한 마감 기한을 맞추기 위해 어쨌든, 쓴다. 꾸역꾸역.

그러니 누구라도 쓸 일이다. 쓰면 되고, 안 쓰면 아무것도 이루지 못한다. 어떻게 해서든 글을 쓰는 게 중요하다는 말이다. 흔들림 없이, 그릇에 담긴 물처럼 요란한 파동 하나 없이, 묵묵하게 제 몫을 써내는 사람만이 작가에 가까워질 수 있다.

요즘 세상에 누가 다이어리를 써요?

"스타일은 시티은행쯤 거래할 것 같은 분께서 새마을금고를 쓰다니요?"

새마을금고 관계자가 보면 화낼 일이겠으나 실제로 제자의 문자가 그렇게 날아왔다. 계좌번호를 묻는 질문에 새마을금고라고 대답했더니. 나도 고개를 주억이면서 웃음을 터뜨렸다. 속으로 말했다. 한때는 나도 시티뱅크가 주거래 은행이었다고.

1990년대 중반부터 IMF 몇 년 뒤까지 나의 주거래 계좌는 시티은행이었다. 방배동지점에서 개설했고, 나름 우수 고객이었다. 이런 이력을 알 리 없는 제자는 아이폰을 쓰고 나이답지 않게 스타일리시하다고 생각한 내 입에서 전혀 뜻밖의 금융기관이 나왔으니 순간 뜨악했나 보다. 언젠가 손으로 쓰는 다이어리를 사용한다는 말에 놀란 녀석도 있었다.

"요즘 세상에 누가 다이어리를 써요?"

하긴, 디지털 기기로 일정을 관리하는 시대가 도래한 지도 20년이 다 돼 가는 마당에. 미안하다. 나는 그보다 훨씬 전부터 다이어리를 썼고, 지금도 마찬가지다. 2000년 멀버리사에서 타조 가죽으로 만든 다이어리를 이탈리아에서 구입해 23년 동안 야무지게 사용한 다음 2023년부터 오롬사의 다이어리로 이어 가는 중이다.

프롤로그에서 밝혔듯이 다이어리 필기구는 만년필이었다. 아니 만년필이 아닌 적이 없었다. 병적으로 만년필 필기를 집착했는데 2025년 새해부터 볼펜으로 바꾸기로 했다. 이유는 간단하다. 다이어리 내용의 시인성을 높이기 위해 스케줄 구분에 따라 형광펜으로 마킹하는 데 만년필 위에 덧칠하는 과정에서 글자가 번지고 보기 흉하게 된 것. 글자가 번지지 않는 형광펜도 시중에 나왔지만, 완벽하진 않아서 고민 끝에 볼펜으로 교체해 보기로 하였다.

내가 다이어리를 사용하는 방법은 이렇다. 일정이 정해지면 검정색 펜으로 적는다. 만약 확정이 아닌 예정일 경우 연필로 적는다(후에 확정되면 지우개로 지운 후 다시 검정 펜으로 바꾼다). 일정이 정해지고 2~3일 후에도 변동 사항이 없으면 그 위에 형광펜으로 마킹하면서 일단락 짓는다. 이때 빨강, 노랑, 하늘, 핑크의 네 가지 색깔로 구분한다.

빨강은 일과 관련한 스케줄, 즉 수입과 직결되는 일정이다. 노랑은 공적인 스케줄이지만 수입과 무관할 때 사용한다. 하늘색은 완전히 사적인 일정에 칠하고, 핑크는 공과금이나 정기적으로 지출해야 할 고정비 항목에 덧칠한다. 이렇게 구분해 놓으면 다이어리를 펼쳤을 때 내가 보고 싶은 부분을 빨리 찾고 확인하는 게 가능하다. 만약 확정된 일정이 바뀔 때는 화이트를 칠하거나 삭선을 긋지 않고 청색 만년필로 옆에 첨삭한다. 그래야 일정 변화와 히스토리가 남아 일목요연해진다.

사람에 따라선 무척 복잡할뿐더러 사서 고생한다고 여길 수도 있다. 뭐든 처음엔 힘들고 귀찮고 헷갈리기 마련이지만, 반복 기록하면서 습관으로 만들면 어렵지 않다. 외려 한눈에 내 상황을 볼 수 있어서 무척 편리하다.

여전히 나는 스마폰보다 수기로 작성하는 다이어리가 편하다. 내가 손으로 쓰고 내 손으로 고치고 덧칠한 다이어리를 봐야 안심되기 때문일 터. 한눈에 지출과 수입이 보이고 그달의 일하는 총량과 사적 모임과 행사 횟수가 드러나며 나의 일거수일투족이 새겨져 있는 다이어리는 내겐 반려자 같은 존재이다.

【제3장】

습관이 빚어낸 습관에 대하여

히라야마와 패터슨 씨의 하루

빔 벤더스의 〈퍼펙트 데이즈〉 엔딩. 카메라는 히라야마를 정면으로 포착한다. 다양한 감정을 얼굴로 표현하는 야쿠쇼 코지의 일인극이 시작되고 끝날 때까지 카메라는 고정이다. 롱테이크이다.

롱테이크란 쇼트를 나누지 않는 것이다. 쇼트를 분절하면 심리적 시간의 지속이 무너진다. 시간의 지속이 필연적일 때 이것을 선택할 수밖에 없는, 즉 롱테이크 자체가 아니라 롱테이크로 찍을 수밖에 없었던 순간이 있다. 그러므로 질문은 빔 벤더스는 왜 마지막 신을 정면에서 찍었을까, 혹은 왜 롱테이크로 찍었을까,로 시작해야 한다.

히라야마는 여느 때와 마찬가지로 차를 타고 동트는 도쿄 시내를 달린다. 그는 운전대를 잡자마자 카세트테이프를 넣고 버튼을 누른다. 그의 일상이 그래 왔다. 카메라가 히라야마의 정면을 비춘다. 표정이 시시각각으로 변한다. 어디에서 쇼트를 나눌 수 있을까? 만약 쇼트가 몇 개로 나눠졌다고 해도 야쿠쇼 코지의 연기는 크게 달라지지 않았을 것이다. 관객이 영화 속 인물과 정면으로 마주하는 어색하고 불편할 수도 있는, 180도 규칙을 위반한 정면 쇼트라는 게 문제였을 뿐.

영화는 수없이 안 되는 것들의 규칙들이 넘쳐나는 부조리한 세계이다. 180도 상상선을 위반하여 정면으로 관객을 바라보면 아무리 예쁘고 잘생긴 배우라도 관객은 낯설고 불편하다. 이때 보는 사람은 누구인지 묻지 말기로 하자. 180도 규칙이 위반되는 순간 관객은 주체와 객체를 오간다. 객체였던 히라야마는 주체가 되어 관객을 응시한다. 그러니까 엔딩의 정면 쇼트는 한 인간의 희로애락을 관객에게 선사하는 듯하지만, 실은 아니 어쩌면 당신을 바라보면서 그 확고한 루틴조차 제대로 해내지 못하거나, 루틴에서 도망치려 발버둥치거나, 루틴에 눌려 허우적댈 당신의 오늘을 안타까워하는 표정일지도 모른다는 얘기다. 응시는 그런 것이다. 봉합을 무력화하고 보는 자와 보이는 자의 경계를 무력화하려는 시도.

만약 히라야마의 정면 쇼트에 기분이 묘했다면 180도 규칙이 무너진 자리에, 히라야마의 좌석에 내가 앉았어도 무방하다고 여긴 탓일 터다. 심지어 롱테이크였다. 그래서 빔 벤더스가 하고 싶었던 말. 어쩌면 어제와 같은 오늘보다 더 완벽한 날은 없다는 그 사소함을 전달하는 방법으로 오래전에 시효를 다한 180도 규칙 위반을 꺼내 들었다고밖에는 생각할 수 없다. 이런 180도 상상선을 위반하는 쇼트는 영화에서 종종 쓰는 기법이지만 여전히 기피하는(화자를 인식하는 데 어려움이 있다는 이유로) 촬영 방식이다. 설사 사용해도 잠깐이다. 그런데 〈퍼펙트 데이즈〉에서 야쿠쇼 코지는 관객을 오랫동안 응시한다.

빔 벤더스는 칸 황금종려상을 받은 〈파리, 텍사스〉의 오프닝에서 초췌하고 퀭한 남자를 멀리서부터 롱테이크로 잡아당겨 스크린 앞으로 데려다 놓은 전력이 있다.

〈퍼펙트 데이즈〉의 마지막을 롱테이크로 찍은 것은 히라야마의 삶에 현재와 과거와 미래가 따로 있지 않기 때문이다. 반복되는 일상의 누적. 사건 없이 흘러가는 시간을 굳이 분절할 이유가 없는 것이다. 어제와 같은 오늘이 내일로 이어지는 것. 당연해 보이지만 특별한, 그러나 특별한 일이 일어나지 않는 평범한 하루가 얼마나 소중한지를 보여 주고 싶어서 이 건조한 영화를 찍은 게 아니었냐는 얘기다.

히라야마는 이 세상과 유리된 사람처럼 홀로 독자적 시간을 오직 자신을 위해서만 사용한다. 영화에서 일본 사회는 스크린 밖에 있다. 그렇다고 해도 세상사는 흘러가고 일상은 되풀이된다. 새벽을 여는 소리처럼, 한낮의 일렁이는 햇살처럼, 꿈속의 그림자처럼.

패터슨 시에 살면서 시내버스를 운전하는 패터슨 씨는 시인이다. 예술적 영감이 차고 넘치는 아름다운 아내와, 뚱하면서 귀여운 잉글리시 불독 마빈이 그의 가족이다. 이 사랑스런 소공동체의 하루 역시 히라야마와 다를 바

없다.

 아침 6시 30분 눈을 뜨면 시계를 차고 콘플레이크로 아침을 먹은 후 전날 아내가 싸 놓은 스탠리 런치 박스를 들고 걸어서 회사로 간다. 버스에서 노트를 꺼내 그때 떠오른 시를 적는다. 인도 출신의 배차 담당 도니의 푸념을 잠시 듣고는 시동을 걸면 오늘의 시작이다. 점심은 근처 공원 벤치에서 해결하고 틈틈이 시도 쓴다. 다시 걸어서 집으로 돌아와 저녁 식사 후 마빈을 산책시키는 길에 바에 들러 맥주 한 잔을 마신다. 맥주잔을 바라보며 '감사하다'는 생각을 하면서 하루가 마무리된다. 월요일 아침을 알리며 시작한 영화는 매일매일 같은 일상을 반복하는 패터슨의 하루를 일주일 동안 전시한다. 극적인 사건 하나 일어나지 않는 패터슨의 일상은 단조롭게 보이지만 실로 위대하다.

 아무 일도 일어나지 않는 하루란 얼마나 귀하고 소중한가. 불과 3년 전, 자의 타의로 격리되거나 불투명한 내일과 불확실한 미래에 불안했던 코로나의 시간을 떠올린다면 말이다. 언제 어디서 무슨 일이 일어날지 모르는 일

촉즉발의 긴박함은 정치 군사 문제에 국한되지 않는다. 일상의 평안과 평화를 위협하는 모든 것으로부터 안전해지는 건 개인의 노력만으로 힘들겠지만, 개인의 노력 없이 가능한 일도 아니다.

패터슨의 성실함, 즉 오랫동안 운전석을 지켜 온 힘은 어쩌면 시인의 제일가는 덕목일지도 모른다. 일상의 루틴이 확실한 사람은 예기치 않은 사건에도 크게 놀라거나 흔들리지 않는 법. 마빈이 시를 쓴 노트(사본 없이 볼펜으로 직접 쓴 유일한 원본)를 갈기갈기 찢어 산산조각을 내 버렸음에도, 공원에서 만난 일본인에게 선물 받은 노트 한 권과 "가끔은 빈 노트가 많은 가능성을 주죠"라는 말에 패터슨이 다시 시를 떠올리는 건 이 때문일 터다.

시를 쓰지 않는 시인보다 가련한 건 생계무책에도 시에 매달려 백일몽만 꾸는 시인이다. 예술을 방패 삼아 노동하지 않는 예술가가 부지기수인 세상에서 짐 자무쉬는 시인을 시내버스 운전석에 앉힌다. 영화는 그들이 꿈꾸는 시보다 급진적이고 불온하다. 무료하게 흘러가는 안온한 일상 속에서 결기 어린 자무쉬의 낙인 선명한 〈패터슨〉이 최고의 영화인 이유가 여기에 있다.

집 근처에 PUB이 새로이 문을 열었다. 이름은 PATERSON이다. 주인이 뉴저지 패터슨 시와 관련이 있는지, 영화 〈패터슨〉을 봤는지는 알 수 없다. 어쨌든 술집 이름으로 쓰기에 흔한 작명은 아니니까. 유리창이 넓어 밖에서 안이 훤하게 들여다보인다. 그런데 외관도 내부도 전혀 시적이지 않다. 네온사인도 영화와는 전혀 딴판이다. 이러저러한 이유로 그곳에 들어가는 일은 없을 듯하다. 어차피 나는 술도 못 마신다.

그리고 토리노의 말

1889년 1월 3일 니체는 토리노의 카를로 알베르토 광장에서 마부에게 채찍질당하는 말을 보게 되고, 말에게 달려가 말의 목을 감싸 안고 채찍을 막으며 흐느낀다. 이 순간 미쳐 버린 니체는 "어머니, 저는 바보였어요"라는 마지막 말을 웅얼거리고 십 년 동안 광기 속에서 살다가 운명한다.

벨라 타르의 〈토리노의 말〉은 무섭고 위대한 영화다. 음습하고 기괴한 미장센이 무섭고, 변하지 않을 세상에서 묵묵하게 하루를 살아가는 인물의 근성이 무섭고, 그 지루한 롱테이크를 집요하게 고수하는 거장의 집념이 무섭다. 그리고 이 모든 것을 하나의 우주로 만들어 버리는 힘, 비루할지언정 사소한 일상이 얼마나 위대한지를 알려 주는 힘겨운 발걸음이 위대하다.

〈토리노의 말〉은 영화가 시작되고 22분이 지나서야 첫 대사가 나온다. "아버지, 식사하세요." 참혹한 환경에서 불과 한발짝 비켜선 참담한 식탁 위에 놓인 음식이라곤 감자 두 알이 전부다.

시대와 배경을 알 수 없는 세상의 외딴 곳. 거센 바람과 척박한 땅과 을씨년스런 기운으로 가득한 공간에 두 사람과 비루한 말 한 마리. 옷을 벗고 침상에 누울 때까지 아침에 일어나 옷을 하나둘 껴입고 황량한 땅을 거슬러 우물에서 물을 길어 올리고 감자를 삶아 한 겹 두 겹 벗겨 가며 일용할 양식과 대면하는 순간까지를 지루하게 보여 주는 카메라가 영화의 거의 모든 것이라면. 146분 동안 이 같은 절망과 무심과 무정과 마주할 때, 감자 한 알을 먹을 수 있는 일상이 얼마나 귀하고 위대한 것인지를 깨닫게 될 것인즉, 루틴은 행하는 사람과 지켜보는 모든 이를 격한 정서로 몰아넣는다.

때로는 어떤 언어로도 포획될 수 없는 풍경이 있다. 그런 영화도 존재한다. 이때 언어와 문자로 표현하려는 모든 시도는 무위로 끝나기 마련이다. 거짓이거나 사기이거나 과잉과 과장으로 포장되기 십상이다. 〈토리노의 말〉은 글로 장황하게 설명될 수 없는 영화다.

오늘을 사랑하고, 오늘과 다를 바 없는 내일을 기다리며 변함없는 미래를 기대한다. 내가 하루를 살아가는 방식이다.

그녀의 인스타그램을 팔로우한 까닭

인스타그램 계정을 가지고 있다. 활발하게 사용하지도 않고 자주 들여다보는 것도 아니지만 꼭 필요한 정보를 나눌 목적으로 개설했다. 인친(인스타그램 친구)이라고 해봐야 180여 명에 불과하니 소수의 지인이 전부다. 내 인친 목록에는 바이올리니스트 힐러리 한이 있다(물론 그녀는 나를 팔로우하지 않았지만). 내가 힐러리 한을 팔로우한 건 연주를 듣기 위해서가 아니다. 어린 거장으로 시작해 큰 슬럼프 없이 현존하는 최고의 바이올리니스트가 된 배경을 알 수 있기 때문이었다.

힐러리 한 계정에 담긴 콘텐츠는 특별할 게 없다. 대부분이 연습하는 영상이고 어쩌다 콘서트 리허설이나 공연 후 기념 촬영이 전부일 정도로 단조롭다. 연주 투어 막간의 휴식이나 맛있는 식사와 쇼핑 장면은 언감생심이고 그 흔한 관광지 사진 하나도 찾기 힘들다. 내가 그녀의 계정을 팔로우하고 그 지루한 연습 영상을 멍하니 바라보는 이유이다. 세간에 알려졌다시피 세계 최고가 된 이후에도 힐러리는 하루도 빠짐없이 매일 상당한 시간 동안 연습에 몰두한다. 혹독히 자신을 채찍질하며 단련해 온 결과가 오늘의 젊은 거장 힐러리 한이다.

"○○○도 저렇게 검소한데 내가 뭐라고" 유의 말이 한때 유행했다. 재벌도 저런 걸 쓰는데 내가 뭐라고, 회장님도 컵라면 먹으면서 행복해 하는데 내가 뭐라고, 등등. 달리 말하면 "전교 1등도 저렇게 열심히 공부하는데 내가 뭐라고" 하는 식으로도 응용이 가능할 것이다. 힐러리 한도 저렇게 피나는 연습을 하는데 내가 뭐라고, 라는 결기를 품고 싶어서, 한 치의 오차도 허용하지 않는 완벽주의와 집요함과 지속성을 본받고자 오늘도 그녀의 인스타그램을 엿본다.

프랑스에서 귀국한 지 오래지 않은 시절, 김환기 화백은 한국의 예술가들이 게으르다고 일갈했다. 유럽의 화가는 하루에 최소 여덟 시간을 작업한다는 얘기였다. 아침에 일어나 어딘가로 출근하든, 작업실에 나가 글을 쓰든, 그림을 그리든, 아니면 동네 커피집에서 무슨 일을 하든. 시작과 끝이 한결같은 지속성과 지구력. 나는 예술가에게 이보다 더 큰 재능은 없다고 믿는다.

몸이 기억하는 삶

빗속의 살인이다. 주저함 없고 거침없는 손놀림에 상대는 고꾸라진다. 잔인하고 비정한 킬러는 임무를 끝내고 몸에 묻은 피를 씻어 내려 목욕탕에 갔다가 바닥에 놓인 비누를 밟고 미끄러지면서 뇌진탕을 일으켜 기억을 잃는다. 눈을 뜨니 병원이다. 또 다른 사람. 삶은 뜻대로 되지 않고 월세마저 밀려 생을 포기하기 직전의 옥탑방 청년은 몸에서 냄새가 난다는 주인집 여자 말에 몸은 씻고 죽자며 목욕탕으로 간다. 킬러가 넘어지면서 빠져 나온 라커룸 키가 청년 앞에 떨어졌다. 탈의실에서 명품 시계와 지갑을 보며 부러워했던 그 남자의 열쇠다.

이계벽 감독의 〈럭키〉는 기억상실증에 걸린 킬러와 그를 대신하는 청년의 이야기를 그린 액션 코미디물이다. 예상대로 킬러에게 구원의 천사가 다가오고 인생 역전한 청년에겐 킬러의 제거 대상인 미모의 여인이 포착된다. 액션과 코미디와 로맨스가 뒤엉키더니 두 개의 인생과 두 개의 사랑을 모두 획득한다는 예상 가능한 결말이다. 여기서 끝일까? 더 이상의 이야기도 쿠키도 없다. 그런데 재미있는 지점이 보인다.

두 개의 공간, 두 개의 삶이다. 킬러와 청년의 생활 태도, 즉 계획적이고 루틴이 명확한 일상과 무질서와 무절제로 점철된 인생의 대조다. 병원에서 깨어난 킬러는(기억상실증에 걸렸다) 청년과 뒤바뀐 삶으로 들어간다. 옥탑방을 열면 아수라장에 난장판이다. 거지 소굴이 따로 없다. 전날까지 목매 죽으려한 청년이었다. 주저하지 않고 집을 청소한다. 깨끗하게 정리정돈을 마친 그는 자신이 누구인지를 찾기 위해 자료를 수집하고 기록한다. 최고의 킬러다운 몸놀림이고 자세가 여전하다. 반면 졸지에 명품 시계와 명품 차와 럭셔리한 아파트까지 접수한 청년은 제 버릇을 남 못 준다. 게으르고 나태한 생활 습관은 모델하우스 같은 주거 공간을 하루 만에 돼지 소굴로 바꿔 버린다. 폭음과 폭식과 빈둥거림이 일과이고 남의 집을 샅샅이 뒤지면서도 도덕적 고민이나 죄책감이란 찾아보기 힘들다. "단 하루만이라도 폼 나게 살고 죽자"는 게 그의 인생관이었으니 이상할 것도 없다.

옥탑을 전혀 다른 환경으로 변모시킨 킬러는 일자리를 얻고 하루하루를 성실히 보낸다. 어디서 무엇을 해도 인정받고 칭찬 일색이다. 청년의 삶은 완벽하게 풍요로운 환경에서도 옥탑방 시절을 벗어나지 못한다. 하나도 변한 게 없다. 성공의 습관이 몸에 밴 사람은 어떤 악조건에서도 자신이 해야 할 일을 찾아 묵묵히 수행하지만, 실패에 찌든 이들에게서 보이는 건 근거 없는 패배주의와 시기와 질투와 무질서한 생활 태도. 사소한 생활 습관이 일상을 만들고 인생으로 이어진다는 엄연한 진리.

영화 엑스트라로 시작해 주연급으로 반등하면서 여배우와의 키스 신을 앞두고 걱정하는 킬러에게 (그를 구조한 119대원) 리나는 말한다. "그건 몸이 기억하는 거잖아요."

집을 깨끗이 치우고 일터에서 칼로 멋진 조각을 완성하면서 자기 재능을 발휘하는 그에게서 폭력의 역사마저 지우는 몸의 기억을 본다. 어떤 사람의 오늘은 그가 살아온 과거가 켜켜이 쌓인 결과라는 말을 이보다 무섭게 증명하는 영화가 또 있을까 싶다.

미국의 해군 제독이 말했다지. 성공하고 싶으면 아침에 일어나서 담요부터 가지런히 개어 놓으라고. 유사한 이야기는 차고 넘친다. 좋은 삶의 루틴을 만들어 놓아야 한다는 것일 뿐, 형식과 겉치레에 치중하라는 얘기가 아니다.

내 침대 머리맡에는 두 개의 알람시계가 있다. 6시 15분과 6시 45분(나이가 들면서 30분씩 늦추었다). 늦어도 6시 45분에 일어나면 주저 없이 침대 밖으로 나온다. 정신이 들기 전에(?) 꿈에서 포착한 장면이나, 아침에 가장 먼저 머리에 떠오르는 무언가를 적는다. 이때는 컴퓨터가 아닌 노트에 적는다. 바로 컴퓨터에 남기기엔 생각이 정리되지 않았을뿐더러 파편화된 내용인 경우가 많아서다. 펜의 중간 마디쯤 잡고는 손에 힘을 빼고 갈겨쓰듯이 마구잡이로 적어 내려간다.

 나의 하루는 무언가를 쓰면서 시작된다. 거창할 필요는 없다. 습관을 만드는 것이고 그것을 지속적으로 이어 갈 수만 있다면 무엇이든 어떤 이야기든 괜찮다. 어차피 나중에 정리하여 글이 될지 말지 판단하는 건 내 몫일 테니까 말이다.

SNS 글도 컴퓨터에서 쓰고 고치는 습관

대구에 오면서 작심한 계획 중 하나는 일 년 동안 삼시 세 끼를 외식으로 해결하는 것이었다. 이유는 크게 두 가지였다. 하나는 연고 한 명 없는 타향에서 지역 문화를 읽기 위해선 음식만 한 것이 없다고 생각했고, 다른 하나는 눌러 살지 잠깐 머물다 올라갈지 알 수 없어 이렇다 할 살림살이를 가져오지 않았기 때문이다. 매일매일 지역 곳곳을 다니면서 밥을 해결하던 어느 날, 이렇게 밥만 먹기에는 아깝다는 생각이 들어 식당마다 음식마다 간략하게 느낌을 적기 시작했다. 무작정 적을 수는 없으니 플랫폼이 필요했고 내가 선택한 것은 블로그였다.

말이 좋아 간략하게이지, A4 세 장 분량의 음식점 리뷰를 매일 한 편씩 쓰다시피 했다. 당시 블로그는 사진 위주로 구성하고 짧은 코멘트를 더하는 게 대세였지만, 나는 사진을 최소화하는 대신 텍스트로 채웠다. 남들은 A4 반쪽 분량도 안 쓰는데, 음식점 하나에 세 장 육박하는 맛 평가를 써 댔으니 신기하거나 이상하거나 미쳤거나. 이웃들의 첫 반응은 그랬을 것이다.

 컴퓨터 파일로 쓰고, 출력하여 고치는 퇴고 과정을 거친 후에야 블로그에 올렸다. 글 쓰고 고치는 일을 업으로 삼은지라 어려울 건 하나도 없었다. 다만, 이미지 시대에 텍스트로 밀어붙이는 게 다소 무모하고 무식해 보일까 걱정이 됐을 따름이었다. 그런데 뜻밖에도 반응이 빨리 왔다. 이웃이 한둘씩 늘기 시작하더니 순식간에 적지 않은 이웃과 팬이 생겼다. 오늘은 저 사람이 어디서 무얼 먹고 어떤 얘기를 풀어 낼까 기다리는 사람들이었다.

 SNS 포스팅을 컴퓨터에서 작성하고 출력해 두세 차례 퇴고까지 한다는 건 블로거에겐 생소한 일일 것이다. 뭐 대단한 거 쓴다고 그렇게까지 하느냐고 말할 수도 있겠다. 하지만 내 이름을 걸고 발행하는 글에 대한 책임과 권리를 지키기 위해선 글에 정성을 다해야 한다고 믿는다. 적정한 고료를 받는 글만 원고가 아니라 매일 몇 번씩 쓰는 SNS 글도 엄연한 원고라는 생각, 그래서 나는 특별한 상황이 아니고서는 반드시 컴퓨터에서 글을 쓴다. 스마트폰으로 글을 쓰고 포스팅한다는 건 상상도 못 할 일이다.

귀찮고 번거로운 일이란 거 잘 알지만, 사소한 글이라도 원고를 마감하듯 마음과 정성을 다하는 과정이 몸에 배면 습관이 되고 자연스럽게 태도로 이어지기 마련이다. 그렇게 시간이 흐르면 글이 달라진다. 오탈자와 비문을 찾아내고 논리적 근거를 마련하며 내 주장을 세우는 동안, 글은 스스로 빛나기 마련이다. 적어도 블로그에서 단기간에 이 정도로 주목을 받고 많은 이들의 성원을 받기란 쉽지 않았을 터인데, 순전히 정성 들인 글쓰기가 낳은 결과였다, 라고 나는 자평한다.

홈런볼, 네슐랭을 만나다

어느 일요일. 그러니까 일면식은 없지만 나름 믿음이 가는 맛집 블로거가 포스팅에서 추천한 맛집에 다녀온 밤이었다. 해물탕집이었는데 그는 부친과 자주 방문하는 곳이고 저렴한 가격에 푸짐한 해물이 가성비를 보장한다고 했다. 내가 방문한 날만 그랬는지 몰라도 나는 그의 평가를 조금도 납득할 수 없었다. 단순히 맛의 문제가 아니라 음식에서 철수세미가 나왔고 조용히 알려 주었음에도 식당 측의 대응은 무심하고 뻔뻔할 정도였다. 집으로 돌아와 컴퓨터를 켜고 직격탄을 쐈다. 제목을 '○○해물탕을 추천하는 당신들이 부럽다'라고 썼다. 지금 생각해도 과했다.

대구는 지역사회라서, 즉 한 다리만 건너면 서로가 다 아는 사람들이기에 맛없다는 말은 언감생심이고, 불만족에 가까운 표현조차 조심한다. 꼭 내가 아니라도 나와 친밀한 누군가와 연결되어 있는지 모르기 때문이다. 맛집 관련 포스팅에서 맛없어서 다신 가지 않겠다는 유의 글을 단 한 건도 본 적이 없었다(너무 이상하고 생경한 문화였다). 이런 지역 정서를 가진 도시에 어느 날 갑자기 나타난 (나이도 하는 일도 모르는) 사내가 텍스트 가득한 포스팅으로 아연실색하게 만드는 것도 모자라, 사정없이 십자포화를 퍼붓고 있으니 주목을 받을 수밖에.

새벽에 해물탕집을 추천한 이웃이 등장했다. 그는 댓글로 "저는 아버지와 자주 찾아 맛있게 먹었고 추억이 서린 집인데 이런 평가를 받으니 오물을 뒤집어 쓴 느낌입니다"라며 아쉬움과 섭섭함을 토로했다. 나는 내 생각을 답했고, 서로 의견을 주고받으면서 밤이 깊었다. 상대는 최대한 화를 삭이면서 절제한 표현을 만들려고 애썼고, 나도 이성과 논리로 대응하였다. 그렇게 새벽으로 향하던 시각, 그가 마지막 댓글을 남겼다. "기회가 되면 글쓰기를 배우고 싶습니다."

나중에 알게 되었다. 대구의 내로라하는 블로거들이 오랫동안 나를 주시했다는 사실을. 대체 뭐 하는 사람이기에 저리 긴 글을 사진도 몇 장 없이 포스팅하는지 무척 궁금했다고. 그들에게는 조사와 분석의 대상이었지만, 나는 늘 하던 습관대로 글을 썼을 뿐이고 독자와 만나는 매체가 지면에서 블로그로 수평 이동한 것뿐이었다.

만약 내가 블로그 포스팅이라고 대충 쓰거나 남들과 차이 없는 그저 그런 맛 감상평 수준으로 상한선을 정했더라면, 퇴고 없이 오탈자와 비문과 맥락을 검토하지 않고 관성적으로 글을 올렸다면 과연 그와의 인연이 가능했을까.

2016년 10월 2일 0시 23분, 나는 이 도시에서 첫 번째 제자를 얻었다. 가장 신뢰할 수 있고 언제나 어디서나 응답 가능한 우정을 나눌 수 있는 동지를 그렇게 만났다.

할리우드를 우습게 보지 마세요

영화평론가라는 일의 특성 때문인지 영화광 또는 시네필 혹은 마니아 무리를 종종 보게 된다. 이런저런 이야기를 나누다 보면 어김없이 등장하는 주제가 "어떤 영화를 좋아하느냐? 좋아하는 감독은 누구냐?"라는 것이다. 각자 자신의 덕력을 과시하며 다양한 영화와 감독 이름이 전시되다가 내 차례가 오면 시선이 몰린다. 영화평론가는 어떤 감독의 영화를 좋아할까, 라는 원초적 호기심일 터다. 나는 페드로 알모도바르와 빌리 와일더와 루키노 비스콘티를 좋아한다. 물론 존 포드도 하워드 혹스도 알폰소 쿠아론도 좋아하고, 오즈 야스지로와 미이케 다카시의 영화도 사랑한다. 구로사와 아키라를 만나면 피가 데워진다. 이쯤 말하면서 상대의 표정을 훔금거린다. 아하 하는 표정에서 이해하기 힘들다는 표정까지 각양각색이다. 아마도 뭔가 독특하거나 자신들이 모르는 미지의 감독 이름이 나오길 바랐는지도 모른다. 타르코프스키나 소쿨로프나 하네케쯤은 나와야 한다고 생각했을 수도 있다.

영화를 좋아하는 단계를 넘어 마니아급으로 진입할 때 대개는 소위 예술영화에 눈을 뜬다. 할리우드 영화로 입문해 시네필이 되었다면 다음 단계는 유럽 영화라는 믿음이 가득하다. 요즘 나온 작품에서 고전 명작까지 닥치는 대로 보고 감상하며 비평한다. 서로 관람 리스트로 수준을 가늠하거나 구별 짓는다. 유럽 영화를 할리우드보다 높게 치는 바탕에는 미국산 자본주의와 문화 이데올로기에 대한 막연한 반감이 서려 있다. 할리우드 영화는 대형 스튜디오에서 거대 자본과 톱스타를 기용해 물량 공세로 퍼붓는 오락 영화라는 근거 없는 오해가 그것이다.

할리우드 스튜디오 시스템은 1910년대에 시작해 100년이 넘는 역사를 자랑한다. 숱한 거장과 스타가 탄생하고 명멸하기를 거듭하며 오늘에 이르렀다. 이야기의 표준화로 경제성을 확보하려고 장르를 개발했고 스튜디오마다 특징적 장르를 집중해 제작함으로써 할리우드 신화를 써 내려갔다. 스태프와 배우와 제작자와 관객에 이르기까지 협업으로 완성된 영화는 시대와 대중을 위로하는 데 공헌했다.

1950년대 프랑스 영화 잡지 《카이에 뒤 시네마》의 젊은 평론가들, 즉 고다르, 트뤼포, 로메르, 리베트, 샤브롤은 프랑스 영화의 전통을 세우고 영화를 예술로 파악하고자 이른바 '작가주의(politique des auteurs)' 정확하게 번역하면 '작가 정책'을 주창한다. 바탕에는 단지 상품으로 간주되었던 할리우드 영화를 예술 작품으로 접근할 수 있는 가능성을 발견하려는 일련의 비평이 있었다. 할리우드 영화가 제작자와 자본의 개입에서 자유로울 수 없는 구조를 가졌지만, 그럼에도 자신의 영화적 신념과 세계관을 일관된 형식으로 구현한 감독들이 있다는 사실에 주목한 것이다. 예컨대 존 포드와 하워드 혹스와 알프레드 히치콕 같은 이들. 다시 말해 우리가 간편하게 말하는 방식 즉, 유럽은 예술영화이고 할리우드는 상업 영화라는 도식은 유럽 영화를 미국 시장에 배급할 때 미국 영화와의 차별화를 위해 만들어 낸 마케팅 용어일 따름이다.

한 가지 일을 10년 정도 하면 그 분야를 안다고 말할 수 있다. 30년쯤 하면 장인이라 불릴 만하다. 할리우드 스튜디오가 기진 힘은 난지 돈으로 해결해 온 자본주의에 있지 않다. 100년 넘는 시간 동안 자기 분야를 지켜 온 숙련공들의 승계와 지속, 각각의 장인들이 좌절과 환희와 자긍심으로 이어 온 유장한 시간이 할리우드의 힘이다. 매일 같은 일을 반복하는 지루함을 견디면서 일가를 이룬 장인들이 세운 명예의 전당이 할리우드인 것이다. 그 역사와 전통을 존중하기에 배우들은 기꺼이 장인의 요구에 응답하고 카메라에 자신을 맡긴다. 3개월이면 음치 캐서린 제타 존스를 〈시카고〉의 벨마로 만들고 몸치 르네 젤위거를 록시 하트로 창조해 내는 곳이 할리우드다.

루틴의 힘을 믿지 않는 사람은 결코 그 분야의 장인이 될 수 없다고 믿는다. 글쓰기라고 다르지 않다.

운도 실력이라는 말

서울 강남에는 영화사들이 몰려 있다. 한국 영화의 황금기를 연 충무로시대가 저물고 하나둘씩 강남으로 터전을 옮겨 영화의 메카로 자리 잡은 결과다. 영화사 입구에는 큰 통이나 우편물 넣는 함이 놓여 있다. 일반 기업에선 보기 드문 광경이다. 이메일로 서류를 보내는 시대에도 정성을 다해 자신의 포트폴리오를 영화사에 전달하고 오디션을 보려는 배우들의 발길이 끊이지 않고, 방문자마다 일일이 응대하기 어렵다 보니 입구에 서류 제출함을 만들어 놓은 것.

무명 배우는 수십 곳에 응시를 해 보지만 오디션 보라

는 연락을 받기란 하늘의 별따기다. 우리가 익히 아는 단역배우조차 오디션 장에서 긴장하고 후배들과 경쟁해야 하는 게 업계의 현실이니 말이다. 어떤 이는 실력에 비해 운이 없다고 푸념한다. 실제로 그런 배우 지망생을 많이 보았다. 내게 배경이 있다면, 조금만 프로모션이 뒷받침된다면 누구 못지않게 스타가 될 수 있다고 믿는 친구들이다. 실제로 그럴지도 모른다. 숱한 스타 지망생 중에서 별이 되는 건 선택받은 소수이고, 그건 어느 분야나 마찬가지다.

출판과 책에 대해 아무것도 몰랐던 시절에 종종 들은 얘기는 출판사 150곳쯤 원고를 보내 퇴짜 맞아 봐야 책을 내는 게 얼마나 힘든 일인지를 알게 된다는 것이었다. 실제로, 작가로 만들어 주겠다는 캐치프레이즈를 내세운 (다소 이상한) 강좌의 마지막은 전국 출판사 편집장 이메일 주소를 제공하는 거라는 말도 들었다. 언제 열릴지도 모르는 문을 두드리며 꿈을 키우는 일. 신춘문예나 추천 등단 제도가 있지만, 화려한 찬사를 받는 만큼 혹독한 관문이라서 웬만한 실력으론 언감생심이다. 결국 스스로 책을 출간하면서 작가로서 첫 발을 떼는 게 현실인 듯했다. 나는 운이 좋아서 출판사의 제안으로 책을 출간했으나, 좋은 콘텐츠를 가지고도 길을 찾지 못한 이들이 부지기수일 거다. 단지 나는 운이 좋았고, 다른 이는 운이 없었던 걸까.

어떤 이들은 입버릇처럼 운 타령을 한다. 재수가 없다는 의미일 수도 있다. 다른 사람이 내 운을 가로챘다는 푸념으로 들리기도 한다. 밑도 끝도 없이 오디션을 준비하는 무명 배우와 첫 책을 기다리는 작가 지망생에게 운이란 어떤 의미일까. 내 경험상 운과 재수는 어느 날 하늘에서 뚝 하고 떨어지는 것이 아니다. 내가 아는 한, 운은 대개 실력과 무관하지 않다.

2003년 보스턴 레드삭스의 강타자 매니 라미네즈는 단 한 개의 안타가 모자라 타격왕을 놓친다. 이 시즌 동안 라미네즈는 384개의 삼진아웃을 당했다. 그 중 하나만 안타로 연결됐더라면⋯. 내 기준에서 운이 없다는 말은 이럴 때 쓰는 것이다.

내가 이 도시에서 보낸 세월이 결코 견디기 쉬운 시간

은 아니었다. 그럼에도 연고도 없는 타향에서 살아남은 나 자신을 '운이 좋은 인간'이라 여기기로 했다. 변함없이 나를 믿어 주고 응원해 준 분들을 지키고 싶어서였다. 미운 놈보다 지키고 싶은 사람들이 먼저 떠올랐으니까.

운과는 별개로 그냥 그렇게 흘러가는 일도 있다. 나는 몇 년을 노력해도 이루지 못하는 걸 누구는 몇 달 만에 끝내기도 한다. 종종 세상은 내 의지와 노력과 무관하게, 아니 무섭도록 무심하게 제 갈 길로 간다. 그건 당신의 실력이 모자라서도 아니고, 운이 없어서도 아니다. 나와 당신이 사는 세상이 그렇게 생겨 먹은 탓이다.

내게 재능이 있다는 변치 않는 믿음

박찬욱 감독은 처음 두 편의 영화 〈달은 해가 꾸는 꿈〉과 〈삼인조〉에서 모두 실패했다. 절치부심 끝에 선택한 세 번째 영화로 화려하게 부활했는데 그 영화가 〈공동경비구역 JSA〉이다. 부산국제영화제에서 박찬욱은 "이번 영화도 잘 안 됐다면 어떻게 했을 것 같은가?"라는 질문에 "이번에도 안 됐으면 네 번째 영화를 준비하고 있었겠죠"라고 답했다. 타고난 낙관주의자다운 대답이었다. 그의 집 가훈 '안 되면 말고'가 농담처럼 회자될 정도니 말이다.

인생은 만만하지도 허술하지도 않다. 세상은 열심히

노력하는 사람이 아니라 능력자의 손을 들어 주기 일쑤다. 필생의 노력을 주로 실패로 보답한다. 당연히 분노와 증오가 먼저 치고 올라온다. 이때 필요한 것이 낙관주의다. 아직 때가 되지 않았을 뿐이라고 생각하는 거다. 살다 보면 이런 세상과도 겨뤄야 한다는 것이다. 무조건 밀어붙이라는 얘기가 아니다. 봄에 피는 꽃이 있는 반면 추운 계절에 피는 꽃도 있다. 겨울에 피었다고 꽃이 아니라고 말하지 않는다. 잘될 거라는 믿음을 가지고 지속적으로 오래갈 수 있는지가 관건인지도 모른다. 신은 짓궂어서 인간의 인내심을 곧잘 시험하곤 하니까.

"재능이 있고 없고가 중요한 게 아니라, 정말 중요한 것은 자신에게 재능이 있다는 믿음이 더 중요하다."

류승완 감독이 자신에게 재능이 없다고 생각해 영화를 포기하려고 했을 때 스승인 박찬욱이 한 말이다.

컵에 물이 차오르는 데 필요한 시간

지역 백화점 문화센터의 겨울 학기 글쓰기 강좌였다. 개강 첫 시간에 수강생이 질문을 한다. "글을 잘 쓰는 데 얼마나 시간이 필요할까요? 꽤 오래 글을 써 왔는데도 도무지 느는 것 같지 않아서요."

내가 할 수 있는 이야기는 시간이 필요하다는 것뿐이었다. 얼마나 필요할까. 나도 모른다. 사람마다 그릇이 다르고 살아온 환경과 글 쓰는 목적과 목표가 다르니까. 한 가지, 꾸준하게 쓰다 보면 컵에 물이 차오르는 순간이 반드시 온다는 사실은 안다.

컵에 담긴 물이 넘치려면 우선 입구까지 차야 한다. 관건은 이것이다. 물을 붓다 보면 아무리 부어도 안 차는 것 같은 느낌이 들어서 물 채우기를 포기하는 순간이 온다. 일종의 슬럼프다. 실상은 물이 반도 안 찼거나, 거의 다 찼거나, 아니면 한 번만 더 부으면 입구에 찰랑거리거나. 입구에 도달하면 그 다음부터는 한 방울만 떨어져도 무조건 넘치기 시작한다. 그런데 안타깝게도 열의 여덟은 물을 채우기 전에 포기한다.

글쓰기도 마찬가지다. 대다수는 컵의 입구까지 물이 올라오기 전에 포기한다. 시간과 노력이 필요하다는 걸 인정하지 않기 때문이다. 글쓰기를 배우면 단숨에 물이 채워질 거라 착각해서다. 물이 넘치는 조건은 컵 입구까지 찼을 때 성립된다. 조건을 채우지 않고 결과만 쳐다보면 어떤 변화도 생기지 않는다. 몇십 년을 써도 안 된 글이 몇 달 배운다고 바뀔까. 당신의 글이 언제 물컵 입구에 도달할지는 아무도 모른다. 지금 어디까지 왔는지도 모른다. 그러니 써야 한다. 열심히, 꾸준하게.

척하지 말고 아는 것만

 글은 한마디로 "무슨 얘기인지 알아들을 수 있으면 된다"고 믿는다. 마음과 생각을 전하며 소통하려는 목적이 아니라면 나만 알 수 있는 언어로 써도 무방하다. 대표적으로 일기가 여기에 해당한다. 나만 읽을 수 있으면 되는 글이니까. 혹은 타인은 알아볼 수 없는 난해한 표현이나 휘갈겨 쓴 암호 문자도 그렇다. 아니라면, 무슨 얘기인지 이해 가능하도록 쓰는 게 글쓰기의 기본이다.

 영화평론가 초년병 시절의 글을 들춰 볼 때가 있다. 부끄러워서 얼굴을 못 들 정도다. 세상 좋은 이론은 다 가져다 붙이고 멋진 말을 인용하면서도 정작 내 목소리는 찾을 수 없었던 그 시절의 글. 왜 이런 허술한 글을 써 댔을까. 그러면서도 뻔뻔하게 계속 반복했을까.

먼저, 내 자신이 덜 숙성된 생각을 우격다짐으로 펼쳤기 때문이다. 무언가 이야기는 해야겠고, 타당한 근거를 제시해야겠는데 증명 논리가 마땅치 않을 때 어설픈 이론을 가져와 적당히 뒤집어씌운 것이다. 그러니까 제대로 '잘 알지도 못하면서' 마치 유식한 체하기 위해 무리수를 두었다는 얘기다. 글에 대한 욕심은 크고 능력은 못 따라가는데 잘난 체하고 싶은 마음이 부른 화였다.

확신 없는 주장과 주장을 뒷받침하기 위해 차용한 근거 없는 이론이 좋은 글을 만들 리 없고, 내 메시지가 올바로 전달될 리 만무하다. 엄격하게 말하자면 좋은 글이 뭔지 몰라서 벌어진 일이다. 라캉과 푸코와 마르쿠제와 부르디외와 지젝을 가져오면 그럴듯해 보일 거라 믿은 무지의 소치. 이상도 이하도 아니었다.

해결책은 간단하다. 내 생각을 쓰고, 아는 걸 쓰고, 가장 쓰기 어려운 내밀한 사안을 쓰면 된다. 내가 내 생각을 제대로 쓰기 시작한 지 20년을 갓 넘겼다. 즉 처음 10년은 내 생각과 남의 이론이 뒤죽박죽 온갖 난 체의 도가니였다. 거듭 하는 말이지만, 글은 내 생각을 전달하는 도구다. 도저한 철학 이론과 명언과 경구를 인용하는 순간(꼭 필요한 경우를 제외하고) 재앙의 시작이다. 남의 이야기를 빌려다 쓰는 재미를 붙이면, 이것은 마치 마약 같아서 내 목소리를 낼 수 없게 된다. 글은 내 생각을 쓰는 거다.

잘 모르면서 아는 체하려고, 배운 체, 교양 있는 체하기 위해 아무리 아는 척을 해 봐야 소위 선수에겐 안 통한다. 바닥이 보이기 마련이다. 잘 모르면서 맥락상 유사점을 찾아 이론을 가져올 경우, 그 분야 전문가에게 걸리면 (만약 댓글과 답글로 논박이 벌어진다면) 바로 밑천이 드러나 줄행랑을 쳐야 할 것이다.

망신살 뻗쳐 고개 들지 못하는 상황을 피하는 방법. 아는 것만 쓰는 거다. 내가 아는 것만 쓰면 아무 문제 없다. 어려운 용어와 대가의 이론을 어설프게 소환하려다가 개망신 당하는 바보가 되지 말자는 얘기다.

국어사전이 필요한 까닭

기고하는 매체의 마감일이 가까우면 마음이 급해진다. 언제나 하루 전에 마감을 하는 습관을 들였지만, 그렇다고 내용까지 만족스럽게 마무리되는 건 아니다. 이번에도 그랬다. 그러니까 마지막까지 나를 곤혹스럽게 한 단어가 있었다. 초고는 다음과 같았다.

나름 진보적이고 열린 사고를 가졌다고 생각했으나 나만의 착각이었다. 게으른 태도와 어리석음이 한없이 부끄러웠다. 만약에 이 책을 만나지 않았더라면, 죽는 날까지 고집스럽게 고수했을 것인즉, 『세대욕망』은 나를 비롯해 나와 함께 살아가는 사람들이 어떤 부류인지를 정확하고 아프게 일깨워 주었다.

 문제의 단어는 문단 마지막의 '나를 비롯해 나와 함께 살아가는 사람들' 중 '비롯해'였다. 초고에선 관성적으로 비롯해라고 썼다. 퇴고를 두 번 할 때까지도 의심이 들지 않았다. 마지막 퇴고를 하면서 왠지 석연치 않다는 생각이 들기 시작했다. 어색하달까, 뉘앙스에 맞지 않는 느낌이랄까. 입으로 몇 번 반복해 읽고 머리를 이리저리 굴렸다. 비롯해와 포함해 중 어떤 게 더 나은지, 이 둘보다 더 좋은 말이 있는지 계속 고민한 끝에 국어사전을 열었다.

> [비롯하다]: 처음으로 시작하다. 여럿을 벌여 이를 때 그 가운데의 어떤 것으로 처음을 삼다. 예) 이장을 비롯한 마을 사람들 / 할아버지를 비롯하여 온 가족이 모였다.

 헉, 하마터면 비롯해로 마감할 뻔했다. 포함해도 썩 맘에 들지 않아 "나는 물론이고 나와 함께 살아가는 사람들이"로 마감했다.

글을 쓰는 과정은 달리 보면 가장 적절한 단어를 찾는 싸움이다. 내 생각에 부합하는 단어와 문장을 찾으려면 학창 시절 배운 국어 실력과 관성적으로 사용하는 단어로는 턱없이 부족하다. 이때 반드시 필요한 게 국어사전이다.

국어사전은 작가나 국문학자나 연구자만 사용하는 별난 물건이 아니다. 글을 쓰면서 왠지 미심쩍거나 좀 더 좋은 표현을 찾고 싶을 때 국어사전은 램프의 요정 지니처럼 놀라운 마술을 부린다. 정확한 뜻과 용법을 알려 주는 것은 기본이고, 국어사전으로 단어를 찾으면 위아래의 유사 단어(표현)까지 한눈에 익히는 일거양득 효과도 누린다. 국어사전이 없었다면 이번 원고는 '비롯해'로 끝나고 말았을 것인즉 생각만 해도 아찔하다.

은/는/이/가를 고민하는 밤

어느 선생이 박사 논문 쓸 때의 일이다. 하루는 내게 찾아와 토로하기를 "저는 '은는이가'를 구분해 사용하는 게 왜 이렇게 힘들까요? 이것만 해결돼도 논문이 수월하겠는데." 그 선생의 지도 교수는 유독 은/는/이/가에 예민하다고, 그래서 너무 힘들다는 얘기였다. 혹자는 그게 왜 어렵느냐고 물을지도 모른다. 물론 한국인에겐 '은/는/이/가' 문법이 내면화되어 있어서 '은/는'을 쓸 때와 '이/가'를 쓸 때를 잘 구별한다. 거칠게 말하자면 바꿔서 쓰더라도 문장의 의미를 이해하는 데 크게 문제가 되지도 않는다. 통상의 기준으론 그렇다는 얘기다. 마찬가지로 은/

는/이/가를 잘 가려서 써야 하는 이유도 분명히 있다.

'은/는/이/가'는 조사다. 조사를 바르게 쓸 때 정확한 문장이 된다. 조사의 쓰임이 문장의 품질과 직결된다는 얘기다. 조사를 '문맥의 수문장'이라고 부르는 이유이다. 좋은 문장을 만들고 싶다면 은/는과 이/가를 구별해 써야 한다. 어떻게 쓰느냐에 따라 말맛이 달라지기 때문. 문법에서 말하는 주격조사니 보조사니 하는 어려운 말은 넘기고, 쉽게 가자.

1. 화제와 주체 관계

- 은/는은 '큰 주제나 화제의 중심점'을 드러내고
- 이/가는 '가까운 주체나 행동의 주체'를 나타낸다.

　김 작가는 원고를 쓸 때 반드시 만년필을 사용한다
　('만년필을 사용한다'에 임팩트가 생긴다.)
　김 작가가 원고를 쓸 때에는 반드시 만년필을 사용한다.
　(원고를 '쓸 때'의 주체가 김 작가라는 걸 강조한다.)

요약하자면, 문장 전체의 주어는 은/는을, 문장 일부 주어는 이/가를 쓴다.

2. 조사에 따라 의미와 말맛(어감과 뉘앙스)이 달라지기도 한다.

    나의 결혼식은 내 청춘의 장례식이었다.
    (장례식이 되고 말았다는 확정적 뉘앙스)
    나의 결혼식이 내 청춘의 장례식이었다.
    (장례식이 될 거라고는 상상하지 못했다는 어감)

3. 객관적 사실과 주관적 정서로 구분하여

- 처음 나올 때는 이/가, 다음에는 은/는을 쓴다고 이해하자.

    책이 있다. 그 책은 내 책이다.
    (즉, 객관적 사실은 '이'를 주어로, 주관적 정서와 확신은

'은'을 주어부로 삼으면 문맥이 자연스러워진다.)

앞에서 한국인은 살면서 자연스레 은/는/이/가를 내면화했기에 큰 어려움 없이 쓴다고 했다. 다만 글을 쓸 때는 은/는과 이/가 중 어떤 조사를 선택하느냐에 따라서 뉘앙스와 말맛이 달라진다는 점은 인지하자. 이를테면 내가 전하려는 의미를 제대로 전달하고 싶다면 은/는/이/가를 예민하게 사용해야 한다는 말이다. 그러니 '전철이 곧 들어옵니다'라는 지하철 안내 방송을 "전철은 곧 들어옵니다"라고 쓰면 안 되냐고 묻지 말기를.

해설하지 말고, 간결하고 명쾌하게

1990년대까지 영화 예고편은 3분을 상회했다. 예고편만 4분이 넘는 영화도 있었다. 인터넷도 없고, 예고편 말고는 사전 정보를 얻기 힘들던 시절이어서일 테다. 2000년대 초반이 되면 2분 10초대로 단축된다. 2025년 현재, 메인 예고편의 평균 시간은 1분 20초이다. 길면 외면당한다. 지루하고 피곤해 한다. 짧고 간결하게 핵심만 치고 빠져야 먹히는 시대다. 속칭 꼰대는 고리타분한 사고에 갇힌 옛날 사람이라는 의미지만, 좁히면 잔소리를 하는 사람, 쓸데없는 말 하는 사람, 했던 말 또 하는 사람, 즉 말을 길게 하는 사람이란 특징도 포함한다. 요컨대 할 말이 없을 땐 침묵하라던 비트겐슈타인의 경구는 참이다.

글도 마찬가지다. 길어서 좋은 글이란 없다. 대개 잘 쓴 글은 간결하고 명쾌하다. 필요 없는 말은 없는 대신 꼭 해야 할 말만 글자로 새겨 넣었다.

종종 원고 교정을 볼 때가 있는데 글을 보면 글쓴이의 나이가 보인다. 대체로 베이비부머 세대는 사설이 길고 설명적이다. 본론으로 들어가기까지 꽤 많은 분량을 할애해 배경을 설명하고 이해를 구한다. 진짜 하고 싶은 얘기가 무언지 글은 바깥을 빙빙 돌기 일쑤다. 반면 MZ세대는 직관적이고 단도직입적이다. 본론이 바로 나온다. 거침없다. 살아온 세상과 환경 차이일 것이다. 한편 보수적이고 유교적인 군사 문화에서 학교를 다닌 이들은 자기 주장을 앞세우지 못한다. 한 번은 거절하는 걸 미덕이라 여기며 살아왔고, 내 목소리를 낮추고 상대를 높이는 정서에 익숙하다. 반면 성장 과정에서 디지털 수혜를 입거나 태어나자마자 핸드폰을 접한 세대에게 아날로그식 해설과 설명은 구차하고 지루하다. 긴 글 읽는 데 익숙하지 않고 영상은 20분만 넘어가도 길게 느낀다. 글도 약어와 이모티콘과 인터넷 신조어로 채워지는 까닭이다.

내가 하는 말을 독자가 이해하지 못할까 봐 지레 걱정하는 이들을 본다. 이런 부류의 특징은 하고 싶은 말이 너무 많다는 것이다. 함축된 글로 상상력을 제공하기보다는 일일이 써야 한다고 믿는다. 그래서 시시콜콜 친절하게 풀어서 쓴다. 친절하게 쓰는 게 나쁜 건 아니다. 문제는 필요 이상으로 설명을 할 때다. 예를 들면, 중국 음식의 조리 방식을 이야기하면서 "넓은 나라의 절대적으로 많은 인구수를 보유해서"라고 쓴다면 무슨 뜻인지 이해는 쉬울지 몰라도 가독성이 떨어진다. 소리 내어 읽어 보면 단박에 안다. "땅 넓고 인구가 많아"라고만 써도 충분할 일이다.

일일이 풀어서 쓰는 습관은 (거칠게 말하자면) 독자가 이해하지 못할까 봐서라기보다는 내가 말하려는 개념을 정확하게 파악하지 못했기 때문인 경우가 더 많다. 즉 내가 확실하게 모르면서 뭔가 이야기(해야)할 때 말은 길어지기 마련이다. 글도 그렇다. 앞선 글에 이어 다시 한 번 강조한다. 모르면 쓰지 말자. 그럼 망신살 뻗칠 일도 없다.

눈물을 멈추고 글을 쓰자, 제발

페이스북을 보던 어느 아침이었다. 전날 밤, 사고가 있었던 것 같았다. 사회적 재난에 해당할 정도의 대형 사고는 아니었다(사회적 재난의 정의와 범위는 각자 판단하기 나름이겠으나). 몇몇 페이스북 친구들이 사고와 관련한 뉴스를 공유하면서 개인의 느낌을 얹었다. 다소 격앙되고 과하다 싶을 정도로 감정이 분출되고 있었다.

'가슴이 찢어지는 아픔', '밤새 눈물이 멈추질 않았고', '내 몸이 찢기는 듯한' 같은 감정 표현은 기본이고 가장 극적이며 센 단어를 고르고 골라 감정을 묘사했다.

이런 성향이 습관처럼 몸에 배면 글이 온통 감정 찌꺼

기로 도배된다. 다시 말해 묘사로 끝내도 충분한 대목에 내 감상을 붙이는 행위, 내 감정을 싣는 건 군더더기다. 영화든 책이든 그림이든 감상을 글로 남길 때 내 감정을 절제하고 읽는 이가 느끼도록 만들어야 좋은 글이다. 예를 들어 볼까?

"성북동 저택 절도 사건의 범인은 해당 주택 경비를 맡은 방범 회사의 직원으로 밝혀졌다. 어처구니없는 일이다." 이 글에서 마지막 문장은 굳이 쓸 필요 없는 사족이다.

"그는 위원장이 된 지 6개월 만에 청탁성 뇌물을 받는 비리에 연루되어 의원직을 사퇴하는 불명예를 안았다." 비리를 저질러 사퇴하면 불명예라는 건 누구나 안다. 굳이 쓸 이유가 없다는 얘기. 그러니까 나라면, "그는 위원장이 된 지 6개월 만에 청탁성 뇌물을 받는 비리에 연루되어 의원직을 사퇴했다"까지만 쓴다.

잘 만든 영화는 배우들이 우는 대신 관객을 눈물 짓게 만든다. 관객은 요지부동인데 배우가 울면서 '이제는 여러분이 울 시간이에요'라고 몰아붙이는 영화는 좋은 영화가 아니다. 영화 리뷰를 쓸 때도 마찬가지다. 내가 아무리 감동받았다고 쓴들 읽는 이에게 감정이입이 되는 건 한계가 있다. 충격, 경악, 대박 같은 극단적 표현을 쓰지 않고도 독자의 마음을 움직이는 힘. 설명하지 말고 개념을 잡아서 간결하게 끝내 버리면 된다. 독자 스스로 마음이 움직이게 만들어야지, 내 감정을 우격다짐으로 밀어붙여 봐야 아무런 소용이 없다는 얘기다.

같은 거 같아요

TV 리포터가 주말을 맞아 외식 맛집으로 유명한 식당에 온 손님을 인터뷰한다. 인터뷰라고 해 봐야 질문은 한두 가지가 전부다. 여기 누구랑 오셨어요? 맛이 어떤가요? 이 정도. 손님들 대답의 마무리는 한결같다. '같다'는 말로 끝내기.

"오랜만에 야외에 나오니 너무 좋은 것 같아요."
"가족들과 함께 와서 먹으니까 너무 맛있는 것 같아요."
"종업원이 구워 주고 잘라 주니 더 맛있는 거 같아요."
"요리하는 걸 눈앞에서 직접 보면서 먹으니까 더 맛있는 거 같아요."

이래도 같고, 저래도 같다니. 맛있다는 건지, 맛이 없다는 건지. 너무 맛있는 거 같은 건 얼마나 맛있다는 건지. 맛있으면 맛있다고 하고, 맛없으면 맛없다고 말하는 게 그렇게 어려운 일인지 난 몰랐다. 왜 자기 의견을 정확하게 표현하지 못할까.

우리 세대는 어려서부터 자기 주장이 너무 강하면 안 된다고 배웠다. 때론 양보하고 숙이며, 지는 게 이기는 거라고 배운 세대다. 국가와 학교와 회사와 군대와 또 다른 조직이 나의 삶과 인생의 좌표를 정해 주었고, 모범적이고 성실한 국민상과 사회인상이 일찌감치 세팅된 세상에서 자랐다. 모난 돌이 정 맞는다는 말도 같은 맥락이다. 맛이 없어도 맛없다고 쓰면 미움을 받을 수도 있다. 그래서 십분 양보해 타협한 애매모호한 표현이 '같다'일까.

거칠게 살기는커녕 싸움 한 번 해 보지 않고 자랐다. 심지어 군대에서도 폭력과 거리가 먼 시간을 보냈다. 그런데도 내 글은 늘 직설적이다. 누가 그렇게 가르친 것도 아니거늘 언제부터가 단도직입적으로 표현하는 데 능해졌다. 요컨대 내 생각을 말하는데 감추고 누르고 주저함으로 일관한다면 차라리 침묵하는 게 낫지 않겠나. 할 말이 없으면 몰라도 어떤 메시지를 전달할 때 미리 조심하며 자기 검열할 필요가 없다는 쪽이다. 그래서 글쓰기를 가르칠 때도 공격적으로 쓰라고 말한다.

나도 안다. 공격적인 글쓰기가 말처럼 쉽지 않다는 걸. 소극적이고 수동적인 태도가 몸에 밴 사람일수록, 복잡한 관계 속에서 살아가는 구성원일수록, 수직계열화된 조직의 일원일수록 힘들다는 것을. 그래서 태도가 글쓰기를 좌우한다고 말하는 것이다. 태도를 바꾸는 수밖에 없다. 하루아침에 되지 않을지언정 꾸준히 자기 목소리 내는 버릇을 기르다 보면, 그 주장에 힘을 싣는 증명의 언어를 획득하기 시작한다면 신념에 찬 글, 확실한 개념이 견인하는 멋진 글을 쓸 수 있을 것이다. 그러니, 자신 있게 목소리를 내는 습관을 기르자.

무작정 세고 강한 단어를 선택해 표현하라는 얘기가 아니라, 확신을 가진 목소리로 의사를 전달하라는 것이다. 내 경험상 주장이 허술하고 자신 없는 어조로 일관하는 글은 독자가 먼저 알아챈다. 글쓴이도 확신하지 못하는 주장에 마음이 움직일 독자가 어디 있겠나. 지레 겁먹을 필요 없다. 너무 세다 싶으면 퇴고 과정에서 덜어 내면 되니 말이다. 대체 뭐가 문제란 말인가.

돈을 썼으면 돈 들인 태가 나야지

어머니는 종종 "돈을 썼으면 돈 들인 태가 나야지"라는 말씀을 하셨다. 주로 계모임이나 동창회를 다녀온 직후였는데, 그럴 때면 누가 비싼 옷이나 보석을 두르고 나왔나 보다 했다. 그런데 어머니가 틀린 것도 아니었다. 아버지 칠순 때 오신 어머니 동창들을 보면서 돈을 써도 태가 안 나는 게 어떤 건지 분명히 보았으니까 말이다. 어쨌거나 돈을 쓰면 돈 쓴 태가 나야 한다는 평범하지만 준엄한 진리는 내 귀에 못 박히듯 새겨졌다.

글도 마찬가지다. 어떤 단어나 관용구를 쓸 때는 그 효과를 보자는 것일 터. 굳이 쓰나마나 한 단어를 끼워 넣는 건 자기 과시나 미사 여구로 채색하려는 욕심이다. 과유불급이란 말이 괜히 있는 게 아니다. 나는 행위의 과정과 사자성어를 최대한 쓰지 않으려 애쓴다(고 쓰면서도 앞에서 '과유불급'이라고 썼다. 퇴고에서 빼야지.)

친한 후배 하나는 걸핏하면 "비 온 뒤에 땅이 굳듯이", "가지 많은 나무에 바람 잘 날 없다더니", "구슬이 서 말이라도 꿰어야 보배라더니" 같은 속담을 거의 모든 대화 서두에 습관적으로 쓰곤 했다. 이를테면, "구슬이 서 말이라도 꿰어야 보배라더니, 대학생이면 뭐 해요. 다들 자기 앞날만 걱정하고 투쟁엔 조금도 관심 없으니"라고 선배들을 힐난하여 분위기가 싸해지면 "비 온 뒤에 땅이 굳는다고, 이러면서 우리의 친분이 강철대오로 거듭날 날이 오겠죠?"라고 너스레 떨면서 좌중을 웃기곤 했다는 것이다. 녀석이야 답답한 마음을 웃으면서 전할 요량으로 일부러 사용한 거라지만, 글에서 이런 관용구를 만나면 식상하고 구태의연하다. 상상만 해도 고구마 백 개를 먹은 느낌일 듯하다.

어떤 말은 써서 득이 되지만 어떤 말은 써 봐야 본전도 못 찾는 경우가 있고, 또 어떤 말은 써서 독이 되기도 한다. 사자성어 남발이나 시대에 맞지 않는 관용구와 명언이 그렇다. 꼭 필요할 때, 이 말을 쓸 때 그 효과가 있는지를 따져 보고 쓰자는 말이다. 어머니 말씀을 빌리자면 "돈을 쓰면 돈 쓴 태가 나야 하고, 단어를 추가하면 보탠 효과를 봐야 한다".

"'하루가 끝날 저녁 무렵에' 따위의 관용구를 쓰는 사람은 저녁을 굶겨라." 스디븐 깅의 밀이다.

님아, 그 님 자를 쓰지 마오

어디였는지 정확히 기억나지 않는다. 아니 솔직히 말해서 어디라고 특정하면 명예훼손으로 고소당할까 봐 밝히지 못하겠다.

어느 지자체 구청 행사장이었다. 플래카드가 걸렸고 거기엔 '구청장님과의 대화'라고 쓰여 있었다. 또 어떤 포럼에선 사전에 배포한 식순에 'ㅇㅇㅇ 국회의원님 축사'라고 적혀 있었다. 과연 동방예의지국답다고 칭찬받을 일인가. 누가 문구를 만들고 승인했는지 궁금했다. 사실 이런 무의식에서 발로된 권위주의는 우리 실생활 곳곳에서 발견되기 일쑤다.

수직 계열 구조와 상명하복 조직에서 오래 근무한 사람일수록, 지역사회로 갈수록, 스승이나 상사 등 윗사람에 대한 존칭에 병적으로 집착한다. 한 다리 건너면 다 아는 처지라서 조금이라도 눈 밖에 나지 않으려고, 혹은 내가 당신을 존중하고 예를 갖춘다는 걸 애써 드러내기 위해서인지는 모르겠다. 사정이야 어찌 됐든 직함 뒤에 반드시 쓰고야 말겠다는 '님'을 향한 일편단심은 좀체 고쳐질 줄 모른다.

8년 전쯤 글쓰기 강좌에 전문의 두 명이 합류했다. 출신 학교는 달랐지만, 전문 분야가 같아서인지 형 동생 하는 사이였다. 두 사람 글의 색깔은 완전히 달랐음에도 공통점이 있었다. 거의 모든 글에 선배님, 은사님, 지도 교수님, 스승님 등 님 자 붙이기. 아무리 님 자를 쓰지 말라고 해도 20여 년 몸에 밴 습관이 어디 가겠는가. 사정은 선생이나 경찰이나 군인이라고 다를 게 없다.

님 자를 붙이지 않는다고 상대를 하대하고 낮잡아 보는 게 아니다. 말로야 존칭을 쓰든 말든 자유지만, 문서화할 때, 활자로 쓸 때는 님 자를 빼라는 얘기다. 구청장,

국회의원, 본부장, 지도 교수, 사단장, 경찰국장이라고 쓰면 된다. 님아, 그 님 자를 붙이지 마오. 제발.

저는 백정우라는 사람인데요

영화 언론시사회장이다. 진행자와 배우와 감독이 무대에 섰다. 돌아가면서 인사할 차례. 안녕하십니까, 황정민입니다. 저희 영화 재밌게 봐 주시고 좋은 얘기 많이 써 주십시오. 안녕하세요, 이번 영화에서 홍일점 봉 형사 역의 장윤주입니다. 저희 영화 재밌는 건 다 아시죠? 재밌게 보시고 입소문도 많이 많이 부탁드려요. 영화는 달라도 언론시사회는 대략 이런 식으로 무대 인사가 진행된다. 반면에 무명 배우로 이뤄진 작은 영화 시사회나 관객과의 대화 현장은 조금 다르다. 이를테면 이런 식이다. 안녕하세요, ○○ 역을 맡은 김○○라고 합니다. 이번 영화의 연출을 맡은 ○○○이라고 합니다. 저는 오늘 GV 진행을 맡은 프로그래머 ○○○라고 합니다.

오랫동안 지켜본 결과 영화 시사회와 GV와 유사한 행사에서 출연자의 인사하는 방식은 매우 흥미로웠다. 즉 스타들은 자기 이름을 말하는 반면, 아직 경력이 일천하거나 스스로 대중에게 알려지지 않았다고 여기는 이들은 이름 뒤에 '라는', '라고'를 붙이는 경향이 있었다. 이유는 정확히 알 수 없으나 일종의 겸손을 표하는 방식이 아닐까 싶다. 자신을 소개할 때 '라고 합니다'를 붙이는 건 겸양의 미덕이라고 치더라도 글을 쓰면서까지 그럴 필요는 없지 않을까.

작은따옴표는 이제 그만!

코로나가 한창이던 때였다. 책을 쓰고 싶다고 찾아온 이가 있었다. 이미 상당 분량의 원고를 만든 상태였고, 자신의 원고에 대한 자부심이 상당했다. 원고 뭉치에서 몇 편을 꺼내 읽었다. 글은 평이하였고 내용은 진부했다. 문제는 다른 곳에 있었다. 문장부호 사용이 엉망이었다. 이럴 바엔 차라리 안 쓰는 게 좋은데. 게다가 거의 모든 것에 작은따옴표를 사용했고, 툭하면 느낌표로 자기 감정을 드러냈다. 정확히 기억나진 않지만 비슷하게 각색하자면 이렇다.

내가 그 회사를 그만둔 다음 간 곳은 다름 아닌! '신영상사'라는 '직물 기계' 유통 회사였다. 중앙통 모퉁이에 있었는데 유명한 중국집 '중앙반점'도 가까이 있었다. 점심시간마다 '중앙반점'에서 간짜장을 먹는 게 '유일한' 낙이었다고나 할까! 그렇게 2년쯤 다니다가 'IMF'가 터졌고 나도 직장을 잃었다. 아! 지금도 '중앙반점'의 '간짜장'만 생각하면 입에 군침이 돈다.

작은따옴표의 홍수, 감정의 과잉, 글쓴이가 무엇을 왜 강조하고 싶은지 도무지 알 길이 없었다. 이 날 글에서 읽은 '간짜장'은 꽤나 오랫동안 기억에 남았다. 실제로 며칠 뒤 간짜장 맛있게 하는 집을 찾아 나서기까지 했으니까.

글을 쓸 때면 문장의 의미를 정확하게 전달하기 위한 표기상의 부호, 즉 문장부호를 사용하게 된다. 문장부호에는 규칙이 있다. 그것을 구두법이라고 한다. 주로 자주 사용하는 문장부호는 쉼표와 마침표와 물음표, 느낌표, 큰따옴표와 작은따옴표, 홑낫표와 겹낫표(홑화살괄호와 겹화살괄호) 소·중·대괄호가 대표적인데 국립국어원에서 기준 삼은 것도 있지만, 일상에선 출판사와 매체 등이 자체 기준에 따라 사용하기도 한다.

나는 누군가의 글을 처음 접하면 문장부호 사용을 유심히 본다. 적절하고 정확한 사용이 보인다면 그는 글을 제법 써 본(돈을 받고 글을 쓴 적이 있는) 사람이라 추측한다. 반면 문장부호가 제멋대로인 경우는 글쓰기 초보로 간주한다. 만약 당신이 원고 청탁을 받거나 책을 내기 위해 출판사에 글을 보낸다면, 상대 편집자는 글에 쓰인 문장부호와 띄어쓰기와 오탈자로 당신의 글쓰기 이력을 판단할지도 모른다. 아니, 나라면 그것부터 볼 것이다. 형식이 소재를 압도하는 세상은 분명히 존재한다. 글로생활자(글로 밥을 먹는 사람이란 의미로 썼다. 근로생활자의 오타 아니다)의 세계라면 더욱 엄격하다.

경우 없는 인간

목적지로 이동하는 시간이 짧을 땐 주로 스마트폰을 본다. 여기엔 페이스북과 인스타그램과 관심 있는 장르의 쇼츠나 릴스도 포함된다. 오늘도 시내로 나가면서 릴스를 시청하다가 재미있는 공통점을 발견했다. 주로 1인 토털 문화 크리에이터가 촬영한 영상으로 패션을 비롯한 문화콘텐츠를 짧게 소개하는 멘트의 도입부이다.

"오늘 같은 경우는 리바이스501 바지와…"

"저 같은 경우는 아무래도 직장인이다 보니까…"

"이번 가을 같은 경우는 브라운 계열의…"

내가 신념처럼 여기는 말 중에 "싸가지는 없어도 괜찮

지만 경우 없는 건 용서가 안 된다"가 있다. 여기서 경우는 근본을 말한다. 사람의 도리이고 마땅히 사리에 맞는 행동을 뜻한다. 되바라지고 나서기 좋아하면서 자기 주장이 분명한 아랫사람에게 싸가지 없다고 말하던 시절이 있었다. 달리 보면 개성이 강하거나 자기 표현에 적극적이라고 할 수도 있다. 경우가 없는 건 다르다. 기본에 어긋나거나 도리에 맞지 않는 행동으로 상대에게 심한 불쾌감을 안기거나 해를 끼칠 우려가 있을 때 우리는 경우 없다고 말한다. 살면서 경우는 반드시 지켜야 할 덕목이다. 그러나 글을 쓸 때는 다르다.

나는 경우라는 단어를 최대한 쓰지 않으려고 애쓴다. 이유는 단어 하나의 문제라기보다는 그 단어로 연결되는 문장이 지루하고 단조롭게 읽히기 때문이다. 대개는 관성적으로 사용하다 보니 얼마나 자주 쓰는 줄도 모른다. 나와 함께 글쓰기를 공부한 사람들 중에서도 (의사가 쓴) 의료 관련 글에는 유독 경우가 자주 등장했다. 예컨대 '그 환자의 경우는 예후가 좋지 않아 추가 수술이 필요한 경우에 해당한다', '백신이 부족한 경우는', '그 환자의 상태

같은 경우에도'….

누구는 이런 질문을 할지도 모르겠다. 그럼 대체 언제 쓰라는 말이냐? 글을 쓰다 보면 당연히 '경우'와 함께할 때가 생긴다. 예컨대 "올림픽 16강 진출권을 놓고 경우의 수를 따져야 할 시간이 왔습니다." 이 문장에서 경우를 대체할 단어는 없다. 다시 말해 피할 수 있는 데까지 피해 보자는 것일 뿐, 무조건 절대로 경우를 쓰면 안 된다는 건 아니다. 앞에서 예시한 문장에서 경우를 빼보았다.

"오늘은 리바이스501 바지와…"

"저는 아무래도 직장인이다 보니까…"

"이번 가을은 브라운 계열의…"

이렇게 쓰니 얼마나 좋나.

여기서 한 술 더 뜨면 최악의 수가 등장하는데 상상하기만 해도 어질하다. '나 같은 경우에 있어' 대체 누가 있다는 얘긴지. 이런 유의 문장을 쓰는 이들이 의외로 많다. 다른 방법을 고민하기 귀찮아서 관성적으로 사용하는 것이라 쉽게 고쳐지지도 않는다. 사람 관계에는 경우가 반드시 필요하지만, 글쓰기에선 할 수만 있다면 경우를 버리자. 경우를 그만 놓아 주는 것도 유려한 문장을 만드는 한 가지 방법이다.

 (추신) 이 글을 쓰고는 스마트폰을 열었는데 젊은 남자 셋이서 출신 고등학교를 얘기하는 영상을 보다가 기함했다. "그러니까 학교 같은 경우에 있어서는…" 누구냐, 너?

배우님과 고객분

언제부터, 누가 배우라는 호칭을(송강호 배우, 손예진 배우) 이름 뒤에 붙여 쓰기 시작했을까? 다른 얘기지만 2000년대 초, 광화문에서 열린 한미 FTA 협정 반대를 위한 영화인 집회에서 D대학의 모 교수가 현장에 막 도착한 박중훈을 향해 "박 배우!"라고 부른 일이 있었다. 이름 뒤에 '배우'라는 호칭을 붙이는 건 심사가 뒤틀린 대상에게 날리던 (당시 박중훈은 벤츠를 타고 현장에 왔고, 그 교수는 그게 못마땅했다는 후문) 특정인의 독특한 습성일 뿐 평단은 물론 매체나 저널조차 이름 뒤에 '배우'라는 호칭을 쓴 예가 없는데, 어느 날부터인가 SNS에서 ○○○ 배우라는 표현이 보이기 시작하더라는 것(심지어 조인성 배우님, 정우성 배우님이라고도 쓴다).

그렇다면 그들은 왜 '마이클 패스빈더 배우', '이자벨 위페르 배우', '톰 크루즈 배우'라고 표기하지 않는가. 요컨대 〈미생〉 이후 언제나 오 과장 가면을 뒤집어쓰고 나오는 이성민의 식상한 연기는 〈재벌집 막내아들〉을 기점으로 전환을 맞게 되며, 데뷔 이후 전혀 개선의 기미가 보이질 않는 정우성의 발성은 연기를 잘하는 건지 못하는 건지 좀체 알 수 없으나 〈서울의 봄〉으로 대전환을 맞이했고, 신기하게도 어떤 영화에서나 같은 온도를 유지하는 한예리의 표정은, 데뷔작 〈폴라로이드 작동법〉을 제외하고는 이후 시종일관 당찬 듯 어눌하고 뭐가 뭔지 모르는 듯한 표정으로 일관해 온 정유미의 멍한 눈빛은, 이라고 쓰면 된다는 얘기다.

경칭 '분'을 붙이는 습관이 언제부터 생겼는지도 궁금하다. 직원분, 고객분, 기사분, 종업원분, 관객분. 외에도 거의 모든 대상에 분자를 붙임으로써 동방예의지국의 자손분임을 만방에 떨치는 중이란 얘기. 심지어 예의범절과 공중도덕과 에티켓과 매너에 관한한 지금보다 몇 배나 더 엄격하게 교육 받은 70~80년대에도 '분'을 붙여 쓴 예를 본 적이 없다. 추측컨대 민주화 이후 인권이 향상되고 특히 2010년대를 기점으로 서비스업 종사자와 감정노동자에 대한 인격 존중이 사회적 공감대를 얻으면서 어떻게든 하대하지 않으려는 무의식이 가져온 기현상이 아닐까 한다.

나는 말로나 글로나 '분'을 쓰지 않고 '님'도 극히 제한적으로만 사용한다. 글은 음으로 읽는 게 아니라 뜻으로 읽는 것이니 맥락으로 얼마든지 존중을 표할 수 있기 때문이다.

송해와 이디야

1970~1980년대, 〈웃으면 복이 와요〉와 〈고전 유머극장〉과 스탠딩 코미디 전성 시대. 주연은 늘 배삼룡, 서영춘, 구봉서였다. 조연은 박시명, 이기동, 이순주, 임희춘 등. 그러니까 송해는 엄밀히 말해 조연급이라기보다는 비중 있는 신-스틸러였다. 그의 후배들 예컨대 남철, 남성남, 최용순, 한무, 이용식, 배일집, 배연정 등이 활약할 때도 송해가 코미디언으로 비중 있는 연기를 한 기억은 없다. 그런데 송해는 마지막까지 남아 전설이 되었다. 선후배와 동료가 일찌감치 세상과 작별했고 더러는 현역에서 은퇴했으며 더는 찾아 주지 않아 대중의 기억에서 잊혀

질 때도 송해는 〈전국노래자랑〉을 통해 마지막까지 현역이었다. 너무 늦게 찾아온 전성기를 나름의 방식으로 확고하게 오랫동안 붙들어 둔 희극인. 철저한 자기 관리로 오랫동안 버틴 자에게 주어진 가장 큰 영광을 획득한 사람, 그가 송해였다.

2000년대 중반 여의도 KBS 본관 1층엔 이디야커피가 있었다. 내로라하는 커피 체인점을 제치고 어떻게 이디야가 입점했는지 의아했다. 매주 화·목 녹음 방송차 방송국에 갈 때면 (이때만) 이디야를 마셨다. 커피 맛이 좋았음에도 의심의 눈초리를 거두지 않았다. 커피 좀 안다는 사람들 사이에선 이디야의 원두가 좋다는 얘기가 돌았다. 그런데도 이디야는 B급 같았다. 왜 그런지는 나도 모르겠다. 마케팅 문제였을까, 메이저 커피 프랜차이즈의 위세가 워낙 커서였을까.

2024년 겨울, 카페베네와 커피빈이 몰락했고 파스쿠치와 투썸플레이스가 예전과 비교해 힘을 잃었어도 이디야는 외려 전성기를 누리는 듯해 보인다. 이전보다 더 많은 메뉴와 굿즈(가격도 착하다)로 조용히 어필하고 있다. 있는 듯 없는 듯 소리 없이 강하다. 오랫동안 살아남은 모든 것에는 이유가 있다. 단언컨대 오래 버티는 놈이 장땡이다. 나도 오래오래 글 쓰는 삶을 살고 싶다.

당신의 강박은 무엇입니까?

나름의 강박이 있다. 오랜 습관이라고 우겨 보지만 결국 강박이고 병적이다. 말하자면 이런 것들. 브리프케이스는 왼손에 들고, 지갑은 오른쪽 안주머니에 넣고, 손수건은 상의 왼쪽 주머니 또는 바지 뒷주머니에 넣는다. 셔츠 가슴포켓에 필기구는 절대 안 될 말이다.

아우터와 재킷과 점퍼는 단추로 여미는 방식이어야 하고(지퍼는 안 된다) 모자는 일체형이어야 한다. 모자 탈부착 방식은 안 된다. 금색 단추와 골드 장식은 옷이든 뭐든 피하며 반팔 정장 셔츠는 입지 않고, 벨트와 구두 색깔은 같게, 머리는 귀에 닿지 말아야 한다. 백팩은 검정 또는 카키색이고, 지갑은 검정 아니면 회색이다. 셔츠는 청색과 흰색. 필기용 볼펜은 청색이고, 만년필 닙은 F촉이어야 하고, 청탁 원고는 휴먼명조 10포인트로. 시계는 가능하면 가죽 스트랩으로, 봄여름엔 브레이슬릿을 허용한다.

영화 관람은 시작에서 끝날 때까지(집에서도) 일체의 움직임이 없어야 하며, 파스타 면과 올리브오일은 데체코(De Cecco)여야 한다. 사 먹는 파스타도 알리오 올리오만 먹는다. 맨홀과 지하철 환풍구는 밟지 않고, 배와 케이블카를 타지 않으며 홈쇼핑과 인터넷·폰뱅킹도 하지 않는다.

거칠게 말하자면 다소 정신 나간 강박은 내가 얼마나 견고하고 보수적인 인간인지를 설명한다. 하던 대로 하고 사는 일상. 언제나 같은 하루. 한정된 사람만 만나고, 가는 곳만 가며, 먹는 곳에서만 먹고 마시는 습관의 이면엔 안전제일주의가 숨어 있다. 모험과 호기심보다 안전한 중간을 선택하려는 겁쟁이 심리 말이다. 이렇게 쓰고 보니 내가 비정상이란 게 거의 확실해졌지만, 따지고 보면 누구나 강박은 있지 않나?

그래서, 나는 당신의 강박이 궁금하다.

【제4장】

더 높은 곳을 향하여

크고 긴 책상

어릴 적부터 크고 멋진 책상을 동경해 왔다. 내 첫 번째 책상은 철제 책상이었고 고등학교에 들어가자마자 나무 책상이 방에 놓였다. 공부하는 용도로만 생각했던 책상에 대한 시각이 바뀐 건 어느 잡지에서 조르주 심농의 책상을 보면서부터였다. 가지런히 깎은 연필을 채운 연필꽂이와 스무 개쯤으로 보이는 담배 파이프가 도열한 책상은 소우주였고, 작가의 쉼터였으며 그 자체로 작은 성. 스위스 로잔의 집필실에서 찍은 사진은 내게 충격을 안겨 주었으니. 길고 넓은 책상을 향한 욕망의 시작점이었다

블루를 좋아하는 내게 온 하늘색 표지(정확하게는 티파

니 블루에 가까운)의 책. 심지어 제목이 『작가의 책상』이다. 1973년 수전 손택의 책상과 1972년 파리에서 찍은 파블로 네루다의 책상은 타인의 침실을 엿보는 흥분을 자아낸다. 존 어빙의 책상 사진은 책상 위보다 시원한 창밖 풍경이 더 궁금해진다. 압권은 1976년 메인주에서 찍은 엘윈 브룩스 화이트의 책상 사진. 나를 흥분시킨 조르주 심농의 '그 책상'도 등장한다.

2008년쯤이던가 국경없는의사회 소속으로 아프리카 활동을 마치고 돌아온 지인의 집에 물푸레나무로 만들어진 상판 하나가 배달되었다. 3.5미터 길이의 아름답고 빛나는 상판을 보는 순간 책상으로 쓰면 좋겠다고 생각했다(실제 용도는 식탁이었다). 수전 손택의 책상처럼 길고 단순하면서 유서 깊은 물건 있다면 나 또한 냉큼 집어올 거다. 그때까지는 『작가의 책상』이 책상 맨 윗자리에서 끊임없이 나를 충동질할 것임을 잘 안다.

좋은 책상 하나 갖는 것. 당신도 꿈꾸는 일 아닙니까?

잘 쓴 글은 내가 먼저 안다

"이 글은 시간이 별로 안 걸렸죠?"

글쓰기 수업에서 과제를 받아 첨삭하는 시간에 종종 던지는 말이다. 잘 썼다는 뜻이다. 한 사람의 글을 반복해서 지속적으로 훑다 보면 특징이 보인다. 글쓴이의 결과 색깔은 물론이고 글 쓰는 데 소요된 시간까지도 가늠이 된다. 글에 담긴 고유성은 사람마다 다르지만 문장을 구성하고 이어 가는 방식에서 순탄하게 썼는지 악전고투 끝에 겨우 마무리했는지 보인다는 얘기.

잘 만든 영화는 관객이 시간 가는 줄 모르고 보듯이 잘 쓴 글은 쉽고 부드럽게 읽힌다. 여러 번 퇴고를 한 결과일 수도 있겠으나 애초에 초고가 수월하게 만들어졌다고 봐도 무방할 것이다. 나 역시 좋은 영화를 보면 글이 잘 써진다. 주제도 선명하고 내가 하고 싶은 말도 술술 풀리는 걸 느끼는 반면, 실망스런 영화 앞에선 어떤 말도 생각나지 않는다. 러닝 타임 내내 지루한 건 물론이고.

그러니까 글이 잘 써진다는 건 머릿속 주제가 선명하다는 의미이고, 주제가 선명하다는 건 대상의 품질이 좋아 어떤 쪽을 어떻게 떼어 내도 나무랄 데 없다는 것이다. 과제를 읽자마자 이분은 힘들게 쓰셨구나, 혹은 아주 쉽고 즐겁게 썼구나 하는 판단이 가능한 것은 이 때문이다.

장고 끝에 악수 두는 것처럼 글도 오래 붙잡고 씨름한다고 없는 생각이 튀어나올 리 없고 알지 못하는 이야기를 지어 낼 수도 없다. 어떤 글 어느 대목 앞에서 멈칫하거나 막혀서 진퇴양난일 때 나는 고집스럽게 정면 돌파를 택하기보다는 한 발 물러서 한숨 고르는 시간을 갖는다. 산책을 하거나 가볍게 볼 수 있는 유튜브를 열거나 등등. 그리고서 생각한다. 이 테마가 과연 적절했는지, 내가 감당할 수 있는 주제였는지, 거창한 의미에 사로잡혀 무리수를 두는 건 아닌지. 만약 아니다 싶을 때 주저 없이 덮고 새로 시작한다. (tip: 그렇다고 완전히 폐기하는 건 아니다. 버린 글만 따로 폴더에 모아 두었다가 다른 주제를 다룰 때 적절하게 활용한다.)

거칠게 말하자면, 지금 쓰는 글이 생각대로 진행되고 있는지, 결과가 만족스러울지는 본인이 먼저 안다는 얘기다. 남에게 좋은 평가를 받는 글은 나부터 즐겁고 신나서 술술 써지기 마련이므로.

영화평론가 정성일의 글을 변용하자면, 위대한 글을 쓸 때는 위대한 생각을 하기 마련이고, 하찮은 글을 쓸 때는 나의 생각도 하찮을 수밖에 없다는 사실을 기억하자. 그러니 잘 쓴 글은 내가 먼저 알아본다.

어쩌다 나는 근심을 멈추고 책 칼럼을 쓰게 되었나?

정말 뜻밖이었다. 영화평론가에게 책에 관한 칼럼을 쓰라고 요청이 올 줄은 몰랐다. 처음엔 영화 지면에 대한 이야기가 나왔다. 내 쪽에서 고사했다. 요청한 매체에는 오랫동안 칼럼을 써 온 필자가 있는 데다, 동시에 두 개의 매체에 영화 칼럼을 쓰는 건 상도덕에도 어긋나는 일이라고 판단했다. 5년 동안 지면을 할애해 준 다른 매체에 대한 예의가 아니었다. 무엇보다 글의 품질이 우려됐다. 뒤이어 책 칼럼 얘기가 나왔을 땐 흔들릴 수밖에 없었다. 용기가 필요한 일이었지만, 용기를 접을 이유도 없었다. 때가 되었다는 확신은 없었으나 이제는 해도 된다는 믿음을 갖기로 마음먹었다.

명색이 일간지인데 내가 책 칼럼을 쓸 수 있을까. 그럴 만한 자격이 있는지 자문했다. 책을 사고 읽는 데 열심이었고, 몇 권의 졸저를 내놓기도 하였으나 여전히 나는 책에 무지한 사람이었다. 못 쓸 일도 없지만, 본업으로도 생계를 책임 못 지는 주제에 다른 영역까지 기웃대는 게 좋은 선택인지 미심쩍었다. 어쨌든 시작했다. 영화도 영화평론도 모두 문학에 기대고 있다는 자기 변명을 확신 삼아서였다.

변명의 배경은 이랬다. 영화는 창작과 비평이 가진 무기가 서로 달라 비평가가 창작자를 이길 수 없는 데 반해, 책은 무기가 같으니 해 볼 만하다고 여긴 것. 말하자면 영화감독에게 카메라(영상)가 무기라면 영화평론가는 펜(글)이 무기이다. 애초에 싸움이 되지 않는다는 얘기. 반면 문학은 창작자도 평론가도 모두 펜으로 이야기한다. 동등한 조건이라 해 볼 만한 승부라는 것이다. 책 좋아하는 사람의 솔직한 느낌을 적으면 된다고 믿었고, 주위 눈치 보지 않는 성격에 비추어 그리 어려운 일처럼 보이지도 않았다. 그런데 내가 놓친 게 있었다.

영화는 두 시간, 길어 봐야 세 시간 안에 완주 가능하지만, 책은 분량과 내용에 따라 최소한 하루에서 일주일 이상 걸린다는 사실. 즉 텍스트를 이해하는 건 고사하고 수용하는 것도 만만한 일이 아니었다. 속독해도 되는 책이 있는 반면, 천천히 곱씹어 가며 푹 빠져들어야 하는 책도 있고, 지나치게 빠져 허우적대는 사이 시간만 잡아먹는 책도 있었다(어느 쪽이든 끝까지 가야 하는 건 마찬가지지만). 또 하나는 고전의 경우 몇몇 대형 출판사가 독점하고 있다는 점이었다. 누구나 알 만한 클래식은 서너 곳에서 대부분 발간되었다. 업계 특성상 불가피한 일임에도 혹여 매체 칼럼이 특정 출판사 책에 치우치는 건 아닐까, 하는 자기 검열에 시간을 허비할 때도 있었다. 에두르지 않고 말하자면, 지난주는 『위대한 개츠비』였고, 당초 이번 주는 김훈의 『라면을 끓이며』 차례였다. 둘 다 문학동네에서 펴낸 책이다. 중간에 이 글을 넣은 이유가 여기에 있다. 나도 인생 참 피곤하게 산다.

어쩌다 책 칼럼을 맡고서 생긴 가장 큰 변화는 일상의

비중이 영화에서 책으로 옮겨 간 것이다. 내 방에는 책상이 두 개가 있는데, 위아래 책상에 세 종류의 책이 놓여 있다. 읽은 책, 읽는 책, 그리고 읽을 책. 늘 십여 권의 책에 포위된 형국이다.

지난 화요일 밤에 이번 주 마감을 쳤고, 수요일엔 다음 초고를 끝냈으며 오늘은 그 다음 주에 쓸 책의 메모를 마치게 될 것이다. 어쨌거나 시간이 갈수록 늘어나는 건 의심이요 줄어드는 건 확신이다. 지금, 내가 맞게 쓰는 건가 싶은 의심은 기고가 끝날 때까지 이어질 것인즉. 그래도 잘 해내고 싶고, 잘 쓰고 싶고, 내가 쓴 글을 보고 누군가 그 책을 읽고 싶어 한다면 더 바랄 게 없을 터다.

나는 기계적인 반복 작업의 효율과 기능성과 품질을 신뢰하고 신봉한다. 할리우드 스튜디오의 장인들이 만든 영화를 높이 평가하는 것도 같은 이유이다. 관성적으로 쓰다 보면 제대로 잘 쓸 날이 내게도 올까. 마음을 다잡고서 고개를 돌리니 읽다가 덮은 책이 보인다. Que sera sera.

오랫동안 방송 원고를 쓰다 보니

내 자랑 같아서 민망하지만 내 글에 붙는 공통된 칭찬은 '가독성'이다. 요컨대 글이 막힘없이 술술 잘 읽힌다는 것인데, 이는 글이 쉬워서일 수도 있고, 글이 깔끔해서일 수도 있다. 즉 잘 읽히는 글이 되려면 총체적으로 글의 수준과 구성과 내용이 깔끔하면서 글의 호흡도 적절해야 한다. 그렇다, 가독성을 이루는 중요한 요소 중 하나는 글의 호흡이다.

퇴고를 할 때 반드시 출력하여 소리를 내서 읽는 습관은 나뿐 아니라 대부분 글 쓰는 이들의 공통 방식일 것이다. 소리 내어 읽다 보면 단어와 문장과 맥락은 물론이고 글의 호흡을 느끼게 된다. 문장을 어디서 자르고, 어떤 단어로 마무리하고, 어느 곳에 쉼표를 찍어야 할지, 감이 온다는 얘기. 즉 글은 발행되는 순간 독자의 것이 되므로 독자가 쉽게 읽을 수 있도록 고려해야 하는데 이때 가독성을 좌우하는 것, 바로 호흡이다. 짧지 않은 시간 글을 쓰고 내보내면서 깨달은 사실은, 단문으로 잇고 맥락으로 연결할 때 호흡에 무리가 없다는 것이었다. 그 중심엔 방송 원고가 있다.

한때 꽤 오랫동안 여러 곳의 라디오 방송국 영화 코너의 고정 패널이었다. 생방송도 있고 녹음 방송도 있었지만, 어느 쪽이든 사전에 원고를 구성 작가에게 보내어 확인받는 식이었다. 이때 원고는(방송 원고 경력자라면 잘 알겠지만) 아나운서의 질문과 내가 할 답변을 같이 엮어서 완성하게 된다. 아나운서가 읽기 편하도록 쉬어 가는 부분과 호흡이 끊어지는 부분을 문단 나누기 하면서 작성된 원고는 읽기도 쉽고 듣는 이도 귀에 쏙쏙 박힌다. 작가가 최종 확정된 원고를 패널에게 다시 보내오면 그 원고를 들고 방송(녹음) 당일 스튜디오에 들어간다.

이렇게 원고 쓰기가 몸에 밴 이후로 무의식적으로 글을 짧게 쓰는 버릇이 생겼고, 비평이든 칼럼이든 잡문이든 글의 형식과 분량과 무관하게 단문으로 이어 가는 작법이 완성된 것이다. 간결한 언어로 짧게 끊어 읽으면서 귀에 잘 들어오는 아나운서 멘트의 바탕에는 딕션과 호흡에 맞춰서 직조된 원고가 있다.

글을 쓰는 것도 다를 바 없다. 소리 내어 읽을 때 호흡이 편하도록 문장과 단락 자르기를 하면 가독성이 좋아진다. 퇴고가 중요한 것도, 퇴고할 때 소리 내어 읽는 게 필수인 것도 이 때문이다.

한글, 휴먼명조, 10포인트, 행간 160%

내가 원고 쓸 때 사용하는 모듈이다. 바탕체도 써 보고, 함초롱바탕도 써 보고, 굴림도 써 보고, 또 다른 무엇도 써 봤지만, 결국 선택은 휴먼명조만 한 게 없었다. 출력해 퇴고하기에 이보다 눈에 잘 들어오는 서체가 없어서다. 책 인쇄활자와 비슷해서거나, 아니면 습관 탓인 듯. 딱히 다른 이유가 생각나지 않는다.

혹시, 당신은 어떤 폰트를 쓰시나요?

그래, 결심했어!

무협지 좋아하시는가. 요즘은 모르겠으나 인터넷이 없던 시절 무협지는 남자아이들의 근사한 오락물이었다. 내공과 초식이 변화무쌍하게 펼쳐지는 무림의 세계는 학교 공부와 입시와 사회생활로 찌든 몸뚱이를 상상의 세계로 인도하였다. 무협지가 인기를 끌면 무협 영화도 나오기 마련. 90년대는 홍콩 쇼브라더스 계보를 잇는 서극과 정소동과 이혜민의 무협 영화가 극장가를 휩쓸었다. 어쨌거나 무협이다. 대개의 서사는 유사하다.

충성스런 관료가(우리식으로 대감마님이라고 하자) 간악한 무리의 모함을 받아 귀양을 가거나 살해 위협에 처한다. 악의 화신은 살수를 보내 대감마님과 식솔을 모조리 도륙할 작정이다. 대감마님은 지혜롭고 예지력도 높아 자신에게 닥칠 운명을 감지하고 미리 대비하는데, 대감 집에는 대를 이을 갓난아기가 있으니 믿을 만한 하인이나 유모에게 아들을 맡겨 훗날을 도모한다. 아니나 다를까 밤이 깊어지면 살수가 담을 넘어 집안사람을 무참히 살해하고 대감마님과 아씨 마님도 칼에 쓰러진다. 다행히 아기는 유모 품에서 안전하게 다른 고장으로 피신하는 데 성공하면서 1부는 막을 내리고.

유모의 보살핌과 사랑으로 잘 자란 아이는 어느덧 청년이 되었는데. 이제는 유모와 헤어질 시간. 유모는 자신이 친모가 아니라는 사실과 도련님의 부모님이 어떻게 억울한 죽음을 맞았는지 자초지종을 말해 주면서 반드시 원수를 갚아야 한다고 당부한다. 이제 부모님 원수를 갚기 위해 길을 나선 청년 아니 도련님 아니, 이 시점에선 멸문지화로 양반의 지위가 사라진 지 오래니 청년이란 표현이 적절할 듯하다. (글을 쓰다 보면 꼭 이런 사소한 그러나 중요한 문제가 등장한다. 무엇을 써도 크게 잘못될 일은 아니지만, 이왕이면 가장 적절하거나 정확한 표현법이나 단어를 찾는 게 글쓰기의 기술이다. 아마추어와 프로가 갈리는 지점도 여기에 있다.)

유모가 챙겨 준 노잣돈으로 쓸 만한 칼을 장만한 청년이지만 당장 원수를 찾아갈 순 없다. 칼만 구했다 뿐이지 칼 쓰는 법, 즉 무술에 관해 아는 게 없기 때문. 내 원수를 갚도록 도와주고 이끌어 줄 사부를 만나야 한다고 청년은 생각한다. 무술 스승을 찾아 떠난 청년 앞에 두 갈래의 길이 나타난다. 하나는 산속으로 가는 길, 다른 하나는 저잣거리로 가는 길이다. 어느 쪽으로 가야 하나. 결정해야 한다. 글쓰기로 말하자면 내가 어떤 글을 쓰려는지의 명확한 목표에 따라 길을 선택해야 한다는 말이다.

1. 산속으로 가다

청년은 산속으로 가기로 결심한다. 숲을 지나 한참을 올라가니 초가 한 채가 보이고 백발의 노인이 낮잠을 즐기는 중이다. 범상치 않은 외모에 유유자적한 삶이 무림 고수처럼 보였다. 실상은 술독에 빠진 은둔자일 확률이 크지만. 스승을 찾았다고 확신한 청년은 노인에게 자신의 이야기를 들려주고는, 부모님 원수를 갚도록 무술을 전수해 달라고 간청한다. 사부님의 첫마디는 "마을에 내려가서 술이나 받아와"였다. 나쁜 예감은 왜 항상 들어맞는가. (잊지 말자. 독백으로 끝낼 때는 물음표가 아닌 마침표를 찍는다는 사실. 글을 쓰다 보면 물음표를 써야 할 경우는 많지 않다. 가능한 한 물음표를 쓰지 않는다는 게 내 원칙이다.)

청년이 힘들게 술을 받아 오니 이번에는 물을 길어 오라고. 물 다음은? 맞다. 마당 쓸고 장작 패기, 그 다음엔 밥 짓기다. 하루해가 짧다. 매일 같은 일과의 반복이다. 그렇게 일주일이 가고 한 달이 가고 계절이 바뀌어 한 해가 갔지만 스승님은 칼의 칼자도 입에 올리지 않는다. 청년이 스승님, 무술은 언제쯤 배울 수 있을까요? 하고 물으면 돌아오는 대답은 늘 같았다. 아직 네 속에 화가 들끓으니 마음의 평화를 찾은 후에야 비로소 칼을 잡을 수 있느니라. 다시 한 해 두 해가 흘러 어느덧 입산한 지 3년이 되었다.

하루는 스승이 청년을 부르더니 칼을 잡아 보라고 한다. 드디어! 시작이다. (감탄문에 느낌표를 어느 곳에 붙일지는 글 쓰는 이 마음이지만 나는 마지막에 붙이기보다 부사 다음에 쓴다. 마침내! 합격했다. 감히! 내 걸 넘봐?)

3년 동안 마당 쓸고 장작 패고 술 심부름하느라 몸도 튼튼 마음도 튼튼해졌다. 즉 기초 체력이 만들어진 것. 여기에 무술을 얹으면 천하무적이다. 그러니까 내공 먼저 쌓은 후 그 위에 초식을 올린다는 말이고 펀더멘털에 스킬을 붙이는 것과 같다. 산속에 있으니 심신이 안정되었고 고강도 훈련을 견딜 만큼 체력도 뒷받침되었다. 스승은 그렇게 무술을 가르치고 세상으로 내려보내면서 당부한다. "칼 쓰는 기술이 무(武)이고 칼을 올바르게 쓰는 법이 협(俠)이니 둘을 합쳐 무협이라 하고, 올바르게 칼을 쓰는 사람을 협객(俠客)이라 하느니라."

산속으로 가면 내공과 초식을 심신 수련과 무술을 모두 배울 수 있어 상당한 고수가 될 수 있다. 문제는 시간이 많이 걸린다는 것. 부모님 원수를 갚으려는 청년의 마음에 달렸다. 세월을 보내면서 협객이 될 것인지, 우선 칼 솜씨 좋은 무사가 될 것인지.

2. 저잣거리로 가다

청년은 저잣거리로 향했다. 시끌벅적한 소리에 둘러보니 사람으로 가득하다. 상점과 주막과 여염집이 뒤섞인 모습이다. 무술도장이 눈에 들어왔다. 들어가니 가득 찬 수련생이 각자 열심히 무술을 연마 중이다. 한쪽엔 청소하는 사람도 있고 빨래하는 이도 보인다. 사범으로 보이는 이가 용건을 묻기에 부모님 원수 갚을 무술을 배우러 왔다고 말한다. 짐 풀고 바닥 청소부터 하라고 시킨다. 하루가 지나자 목검 손질을 시키고 며칠 안 되어 목검을 들고 자세 잡는 법에서 칼 쓰는 법까지 가르쳐 준다. 모든 게 빠르고 속전속결이다. 일사천리로 진검까지 간다. 사부님과 사형과 사제까지 생기는 데 한 달이 채 안 걸린다. 대련도 하고 다양한 검법을 익히는 동안 시간이 훌쩍 흘렀다. 이 정도면 능히 원수를 갚을 무술이라고 생각하지만, 누가 하산하라는 말도 하지 않고, 스스로 판단할 따름이다.

저잣거리는 사건 사고로 늘 시끄럽다. 도장 문밖이 곧 전쟁터다. 마적단이나 불량배들과 호객꾼들과 어깨를 맞대고 살아야 한다. 언제 어디서 시비 붙을지 모를 일이다. 그러니 내 한 몸 지키는 게 급선무다. 살아남아야 부모 원수를 갚든지 말든지 할 것 아닌가. 전쟁터 같은 저잣거리에서 필요한 건 생존 무술이다. 내공이 아니라 당장 닥칠 위험에서 내 목숨을 지켜 줄 초식 즉 테크닉이다. 협은 나중이다. 무가 먼저다. 그러니 속전속결로 빨리빨리 가르치고 배울 수밖에.

이쯤 읽고 나면 저잣거리보다 산속으로 가는 게 맞는 거 아니야? 라고 생각할지도 모른다. 그렇지는 않다. 산속이든 저잣거리든(두 개 이상의 것에서 선택할 때는 '든' — 사과든 포도든, 감이든 — 을 쓰고, 과거 행위에는 '던'을 쓴다. 미련 없이 나를 버렸던 네가 다시 찾아오다니) 나름의 장단점이 있다.

굳이 매체의 예를 들어 구분하자면 기획 기사나 칼럼이나 시리즈물이 산속 수련의 산물이라면, 그날의 사건 사고를 다룬 스트레이트 기사는 저잣거리 도장의 결과물이다. 바람직한 건 충분한 시간을 들여 내공을 기르면서 무술을 얻는 것인데 자신에게 넉넉한 시간이 남았는지 살펴야 한다.

내가 쓰는 글은 아무리 좋게 봐 줘도 저잣거리 도장 방식이다. 물론 내공이 전혀 없다고는 말 못하겠지만 주제넘은 잘난 체를 하고 싶진 않다. 가능하면 저잣거리 방식으로 쓰려고 애쓴다. 간결하고 짧게 단문 형태로 만들어 낸다. 신문 기사 같은, 혹은 방송 원고와 같은 형식이다. 이유는 가독성이 좋기 때문이다. 쉽게 잘 읽힐 때 독자도 빨리 메시지를 받아들일 수 있다.

산속으로 가든 저잣거리로 가든 각자가 알아서 판단할 일이다. 내공과 초식이 겸비되어 지적이면서도 깔끔한 글을 쓸 수 있다면 금상첨화일 터. 하지만 말처럼 쉽지 않고, 현실은 늘 시간에 쫓겨 뭔가를 써야 하는 환경이다. 그래서 저잣거리 도장 글쓰기가 빛나는지도 모르겠다. 만약 당신이 먼저 무술을 배우고 잊지 않고 꾸준히 지식을 쌓으면서 삶의 태도까지 바꿀 수 있다면 저잣거리 도장은, 어쩌면 최적의 선택지가 될 수도 있다.

잘 쓴 글은 어렵지 않다

인터넷은 작가와 독자의 위치를 전복시켰다. 세상은 작가의 시대에서 독자의 시대로, 전문적 글쓰기에서 대중적 글쓰기로 이동했다. 쉽게 읽히는 대중적 글쓰기가 새로운 패러다임이 된 지도 20여 년이 흐른 지금, 대중적 글쓰기는 문화의 양상으로 자리 잡았다. 문제는 대중적 글쓰기를 글쓴이의 선택이 아닌 하나의 흐름으로 받아들이면서 스스로 한계를 짓고 일정한 선을 넘지 않음으로써 (정치사회적 예민한 사안들) 글을 고착시킨다는 데 있다. 애초부터 담론의 여지를 차단하고, 단지 쉽게 읽히는 글만 생산한다면 대중적 글쓰기는 패턴화의 길을 걸을 수밖에 없으며 수명 또한 짧을 수밖에 없다. 그러므로 쉬운 글쓰기라는 건 내용과 문체의 난해함을 제거하자는 것일 뿐, 주제에 접근하는 사유부터 간편하게 시작하는 글쓰기여서는 곤란하다는 얘기다.

심오하고 어려운 글에 더 깊은 사유와 통찰이 담겨 있는 게 아니다. 외려 쉽고 간결한 글이 더 대단한 법. 쉽게 쓰려면 충분히 완벽하게 알고 있어야 하기 때문이다. 내가 얼마나 치열한 고민과 사유를 거쳐 글을 쓰게 되었는지를 진지하게 나열하는 글치고 가독성 좋은 글을 보지 못했다. 즉 당신이 얼마나 고민했든 노력했든 불면의 밤을 보냈든 그 과정까지 독자가 알아야 할 이유는 없다.

"글이 너무 어려워요. 난해해서 무슨 소린지 모르겠어요"라는 말은 두 가지로 생각해 볼 수 있다. 첫째, 글쓴이가 의도적으로 글을 어렵게 비비 꼬아 놓은 경우인데, 이런 경우는 전문가의 글쓰기에서는 쉽게 발견되지 않는다. 둘째, 글이 지적 허영으로 가득한 경우인데, 이런 일이 벌어지는 것은 글쓴이가 논증 과정을 명쾌하게 엮어내지 못했거나 개념을 정립하지 못한 상태에서 어설프게 전문 지식을 차용하는 경우에 주로 벌어진다.

  그러므로 단언컨대, 잘 쓴 글은 절대로 어렵지 않다. 달리 말하자면, 어떤 글이 어렵다는 것은 글쓴이가 자신이 말하려는 대상에 관한 지적 밀도와 이해가 부족하다는 뜻이고, 무엇을 주장하고 있는지에 대하여 입장이 불분명하다는 의미이기도 하다. 거듭 말하지만, 잘 쓴 글은 결코 어렵지 않다.

어떤 글이 어렵다는 것은

언젠가, 매체에 쓴 내 영화 칼럼을 읽고는 글이 어렵다고 한 사람이 있었다. 나는 누구보다 쉽고 간결하게 쓴다고 자부하는 사람이다. 첨언하자면 내가 신문에 쓰는 글은 영화 리뷰가 아니다. 다시 말해 내 코너는 영화를 풀어 해설할 목적이 아니라는 얘기다. 이것이 리뷰와 비평이 갈리는 지점이다

그러니까, 리뷰가 영화를 보지 않은 사람도 상상할 수 있도록 줄거리 등의 친절한 설명을 붙이는 행위라면, 비평은 그 영화를 본 사람끼리 교감할 수 있는 언어를 사용해 영화에서 받은 충격이나 감흥을 오래도록 지속시키는

데 목적이 있다. 예컨대 "두 여자를 가진 자는 영혼을 잃고 두 집을 가진 자는 이성을 잃는다"는 말은 에릭 로메르의 〈만월의 밤〉을 보지 않고는 절대로 이해할 수 없다. 대중적인 글쓰기와 쉬운 글쓰기를 혼동하면 안 되는 까닭이다.

"예술은 쓸데없는 것들을 버리는 것"이라고 한 사람이 피카소였던가. 나 역시 작가는 잘 쓰는 사람이기보다는 잘 지우는 사람이라고 생각한다. 코맥 매카시, 토머스 핀천과 어깨를 나란히 하면서 '작가들의 작가'라고 평가받는 필립 로스는 생생한 단락 하나를 위해 종종 100쪽 이상을 쓰기도 했다는데(때로는 육 개월 동안 거의 매일 쓰고는 한 단락이나 한 문장, 경우에 따라서는 한 구절을 남기고 다 버렸다고), 이것이야말로 어떤 글이든 잘 쓰기 위해 내가 힌트로 삼을 수 있는 대목이 아닌가 싶다. 당장, 오늘부터 더 많이 쓰고 더 많이 버리기로 한다.

잘 쓴 글과 좋은 글 사이 어딘가에

초등학교 2학년 선생님이 아버지에 대한 글짓기를 숙제로 내주었다. 다음날 숙제를 살피던 선생님은 한 아이의 글을 읽게 되었다. 간략한 내용은 이렇다. "아빠는 술을 너무 자주 많이 먹고 술 먹은 날이면 엄마와 나와 동생을 때리기까지 한다. 아빠가 너무 미워서 죽었으면 좋겠다. 진짜 아빠가 어디론가 사라지거나 죽어 버렸으면 난 행복할 거 같다. 키가 크고 힘이 센 중학생이 되면 내가 아빠를 때리고 복수할 거다."

미괄식으로 쓴 아이의 숙제는 나무랄 데 없는 구성과 논리로 아빠의 폭력을 고발하고 자신의 결심을 밝혔다.

결론으로 이어지는 논증 과정도 설득력 있었고, 자신의 메시지도 분명했다. 자, 당신이 선생님이라면 이 아이 글을 칭찬할 것인가? 이 질문은 논리 정연하고 설득력 강하기만 하면 좋은 글이 될 수 있는가, 라는 또 다른 질문과 맞선다. 잘 쓴 글과 좋은 글의 간극, 독자를 고려하지 않고 공개되는 대상과 공간을 염두에 두지 않은 글은 종종 불편하고 불쾌하면서 불화를 부르기도 한다. 글쓰기, 생각처럼 쉽지 않다.

어떤 질문에 답하여: 잘 쓴 글은 널렸다

며칠 전 "많이 쓰면 글이 발전하느냐?"고 물어온 분이 계셨다. 내 결론부터 말하자면 "그렇지 않다"는 쪽이다.

인터넷 시대가 도래하면서 원고지를 사용하는 것은 고사하고 손으로 글을 쓴다는 것조차 흔치 않은 일이 되어 버렸다. 그렇다고 키보드를 치는 것과 손으로 쓰는 것에 정성의 차이를 논할 마음은 없다. 어느 것이 더 나을 것도 없거니와 비교 자체가 불가한 대상이기 때문이다. 분명한 것은 언젠가부터 정갈하고 짜임새 있는 글을 만나기 점점 힘들어진다는 사실이다.

이쯤에서 '글쓰기란 무엇인가'라는 명제를 떠올리지 않

을 수 없다. 사실, 문학에서 말하는 글쓰기에 대한 진지한 고민은 생각만큼 역사가 길지 않다. 사르트르가 제기했던 '문학이란 무엇인가'라는 질문에서 시작하여 '비평이란 무엇인가'를 거쳐 현재는 후기구조주의가 상정한 '글쓰기란 무엇인가'에까지 도달했다. 이를 다양한 분야의 글쓰기와 치환시켜 생각해도 무방할 터다.

글쓰기란 기술하려는 대상에 관하여 자신의 생각을 담아 내는 일종의 도구이다. 생각의 발로는 글의 대상으로부터 비롯된다. 그렇다면 대상을 꼼꼼히 살펴보고 그 속에 담긴 메시지를 찾아내는 감식안을 갖는 것이 우선일 것이다. 다만 글쓰기라는 것이 (누구나 경험해 봤겠지만) 하루아침에 이루어지지 않는다는 점은 누구나의 고민거리이다.

이와 관련해 꽤 유명한 글쟁이들의 이야기를 들어 보면 "마감이 다 되어서야 겨우 글을 쓴다"든가 "내 글에 만족해 본 적이 드물다"고 말하면서 "특별한 비법은 없고 그저 열심히 쉬지 않고 쓸 뿐"이라며 교과서에나 나올 법한 이야기로 에두른다. 하지만 아마추어 입장에선 정상의 올라선 자의 배부른 푸념일 따름이다. 유명 작가가 되었기에 그런 소리가 가능한 것이다. 수십 억대 연봉자가 이력서를 100번도 넘게 내 보았고, 막노동에 웨이터도 해 봤다고, 과거를 거리낌 없이 밝히는 것도 같은 이치다.

그렇다면 정말로 '그저 열심히' 쓰기만 하면 글이 저절로 향상되는 것일까? 그럴 일은 절대 생기지 않을 것이라는 생각이다. 때문인지 몰라도 나는 무조건 열심히 쓰는 글쓰기를 철저하게 배격하는 축에 속한다. 무작정 많이 쓰기보다는 생각에 생각을 더하고 본질을 간파할 때, 텍스트에 충실하면서도 다양한 논증을 제시하는 글쓰기가 가능하다고 믿는다. 어떤 대상에 관해 글을 쓰려거든 반드시 그 대상에 대한 고민이 우선되어야 할 것이다. 고민 없이 쓴 글은 독자가 먼저 알아본다.

(앞선 꼭지 초등학생의 글에서 살폈듯이) 글을 잘 쓰는 것과 좋은 글을 쓰는 것, 이 둘은 엄연한 차이가 있다. 글에 대한 감식안을 갖는 게 먼저인 이유다. 어떤 게 잘 쓴 글이고 좋은 글인지 알아야 한다는 얘기. 요즘은 누구나 글을 잘 쓴다. 거칠게 말하자면 특정 대상이 좋아할 만한 글을

잘 쓴다. 즉각 반응이 올 수 있는 SNS용 글들, 즉 나와 연결된 이들이 관심 갖는 지점과 주제와 트렌드를 포착하거나, 그들이 반응했던 소재에 집중하여 반복 재생산하는 글 말이다.

잘 쓴 글은 널렸다. 그러나 좋은 글을 만나기란 쉽지 않다. 프로와 아마추어의 차이는 여기서 갈린다.

내밀한 이야기를 쓴다는 것

오래전 일이다. 제자 한 명이 과제를 냈는데 어릴 적 가족의 행적을 코믹하면서도 실감나게, 달리 들으면 애잔하게 기록했다. 오탈자와 비문과 구성의 허술함이 보였음에도 글에서 말하려는 의미는 분명하게 다가왔다. 다시 말해 이야기꾼의 소질이 보였다. 부족한 건 배우고 고쳐 나가면 될 일이었다. 그가 쓴 이야기는 쉽게 남에게 할 수 있는 내용이 아니었다. 단지 추억담으로 읽기엔 당시 그의 상황이 그려져서 마음이 아렸다. 그런 기억을 소환하여 담담하고 유머러스하게 쓴 그의 용기가 돋보였다. 어쩌면 일기장에 들어가야 할 내밀하고 지극히 사적이 이야기가 여러 사람 앞에 공개되었을 때, 웃음과 연민이 듣는 이들 얼굴에 새겨질 때, 이야기는 생명력을 얻었다. 그날로부터 8년이 지난 현재, 그는 두 권의 책을 낸 저자가 되었고, 꽤나 잘 나가는 유튜브 채널의 운영자를 겸하는데, 여전히 모든 글을 스스로 훌륭하게 생산해 낸다.

이 지경과 이 지랄 사이에서

처음엔 '이 지랄'이었다. 맥락상 내 감정상 이보다 적절한 표현은 없어 보였다. 내 성격이었는지도 모른다. 초고를 쓰고 1차 퇴고를 마칠 때도 이 지랄은 건재했다. 2차 퇴고를 하면서 생각했다. "명색이 유수의 일간지인데 이런 표현을 써도 되나"와 "문제의 소지가 있다면 데스크에서 편집하겠지" 사이에서 고민했다. 타협 없는 소신과 자기 검열 사이에서 우왕좌왕했다고나 할까. 그러다가 슬그머니 괄호에 넣는 방식으로 타협했다. 그러니까 "저자가 직접 그린 그림이 아무리 귀여워도 징그러운 상상력이 꿈틀댄다. 와우, 시작부터 이 지경(사실 이 지×로 쓰고 싶었다)

이다"로 타협한 것이다.

그런데 3차 퇴고에서 괄호가 마음에 걸렸다. 굳이 꼭 괄호 안에 말을 넣어야 할 이유가 있을까. 꼭 필요하다면 어떤 효과를 내는지, 전체 글에 득이 되는지 고민했다. 어떤 단어와 문장을 넣을 땐 그 말이 들어가서 얻는 것이 있어야 한다. 아무런 도움이 되지 못하는 단어와 수사는 찌꺼기에 불과할 뿐. 그래서 퇴고할 땐 덜어낼 수 있을 때까지 덜어내라고 하는 것이다. 내가 쓴 괄호는 감정을 솔직히 드러낸다기보다는 내가 유머러스하고 재치 넘치는 사람이라는 걸 과시하려는 목적이 강했다. 솔직히 말해서 그런 의도가 내게 있었다.

소신이니 자기 검열이니 자기 합리화로 나를 은폐하려던 마음을 고쳐먹었다. 통째 빼기로 했다. 최종고를 신문사로 보냈고, 지면에 출력된 내용은 이랬다. "저자가 직접 그린 그림이 아무리 귀여워도 징그러운 상상력이 꿈틀댄다. 와우, 시작부터 이 지경이다." 아무리 생각해도 빼길 잘한 일이다.

책만 많이 읽는다고 글을 잘 쓸 수는 없다. 그러나 책은 한 권도 안 읽으면서 글을 잘 쓰겠다는 건 도둑놈 심보다. 그래서 스티븐 킹은 말한다. "책 한 권 안 읽으면서 내 책이 팔리길 기대하는 건 도둑놈 심보"라고.

작은 성취가 중요한 이유

한때 글쓰기를 가르친 제자는 틈만 나면 공모전에 응모했다. 신춘문예나 문학상이 아니라 아주 작고 소소한 글쓰기 관련 공모였다. 그때마다 격려해 주었고 매번 상을 받았다. 크고 작은 상들이 쌓였고 그만큼 자신감도 붙었다. 한 번에 큰 상을 받거나 신춘문예에 떡하니 당선되면 금상첨화겠으나, 사람 일이 맘먹은 대로 된다면 무슨 걱정이 있을라고. 큰 영광에만 집착해 작은 성취를 우습게 보다가 영영 골방을 벗어나지 못한 인생을 숱하게 보았다.

"인생은 속도가 아니라 방향이다."

누가 어느 책에 썼는지 모른다. 인생은 방향이다. 전적으로 맞는 말이다. 올바른 방향을 설정하고 그 목표를 향해 달려가는 일이 중요하다. 그런데, 그런데 말이다. 방향만 맞으면 속도는 상관없을까?

너무 천천히 달리면 자전거가 휘청거리듯이 삶도 적정한 속도를 유지하지 못하면 제아무리 올바른 방향성이라도 흔들리기 마련. 나는 이를 '지쳤다'고 규정한다. 중간중간 작은 성취가 꼭 필요한 까닭이다. 할리우드에 경도되었다는 비판 속에서도 〈라쇼몽〉으로 아시아 최초로 국제영화제 대상을 차지했을 때 구로사와 아키라가 "(영화를 계속하기 위해서) 내겐 그 상이 꼭 필요했다"고 말한 건 이 때문이었다. 덧붙여 구로사와는 "그건 내가 틀리지 않았다는 격려 같은 것이고, 상은 영화가 아니라 그것을 만드는 인간에게 필요한 것"이라고 했다. 나의 첫 번째 책 『영화, 도시를 캐스팅하다』의 프롤로그에 "나 또한 이 책이 꼭 필요했다"고 쓴 것도 같은 이유이다.

삶에서 방향은 무엇보다 중요하다. 그렇다고 속도를 우습게 보면 휘청거리다가 쓰러질지도 모른다. 특히 한국 사회에서 한 번 쓰러지면 영영 못 일어날 수도 있다 (내가 방향만 주장하는 이들에 반대하는 이유이다). 신작로에선 속도를 올리고, 험한 산길에선 쉬어 가는 여유를 가지면 될 일. 거칠게 말해 나는 방향을 앞세우는 이들 주장의 정치적 함의를 의심한다. 같은 방향, 올바른 방향, 바람직한 방향에 대한 강박적 권유 혹은 병적인 집착. 어쩌면 일사불란한 강철대오. 속도에 밀려 뒤처지고 쓰러지면 누가 책임지고 일으켜 줄 건가?

당신이 방향타만 찾아 허둥대는 사이 그들은 속도를 내고 저만치 앞서가고 있는지도 모를 일이다. 삶은 적절한 속도와 올바른 방향, 둘 다 필요하다.

냄새로 맺어진 사이, 글로 맺어진 관계

〈기생충〉에서 생일 파티가 아비규환이 되는 장면. 박 사장 위에 근세가 깔리고 차 열쇠를 집으려던 박 사장은 코를 잡는다. 이를 본 기택은 달려가 박 사장을 찌르고. 기택은 왜 평소에 존경하던 박 사장을 찔렀을까. '냄새' 때문이다. 박 사장이 근세에게서 맡은 냄새는 기택의 냄새이기도 했다. 그러니까 근세와 기택은 냄새로 엮인 사이다. 둘의 필연성은 이미 예견되어 있었다.

처음으로 지하실 남자 근세의 정체가 들통 난 밤. 기택은 근세에게 사채를 썼느냐 묻고 근세는 "대만 왕수이 카스텔라 가게가 망해서 빚을 좀 심하게 썼다"고 말한다.

그런데 이 대만 카스텔라 사업을 하다 망한 또 하나의 인물이 기택이다. 기사식당에서 온 가족이 밥을 먹을 때 벤츠를 몰아 봤냐는 기우의 질문에 발레파킹할 때 몰아 봤다고 대답하자, 아내는 "그 치킨 망하고 대만 카스텔라 오픈 전에 한 6개월?"이라고 답하고, 기택은 이를 정정하면서 "카스텔라 사업 망하고 발레파킹할 때"라고 한다. 기택과 근세는 서민이 부자 되기를 꿈꾸며 뛰어든 대만 대왕카스텔라 사업으로 엮였고, 같이 망했고 반지하와 지하에 살면서 서민의 냄새를 몸에 박았다. 둘은 박 사장에 의해 냄새로 엮이면서 비극을 완성한다.

나와 냉면 취향이 같은 분이 몇몇 있다. 살다 보면 종종 믿었던 사람에게 뒤통수를 맞을 때도 있지만, 메밀 향과 육향을 공유하는 즉 냄새로 맺어진 관계라면 적어도 결정적 순간에 나를 찌르진 않을 거란 믿음을 품어 본다. 이것도 순전히 내 생각이지만 말이다.

그렇다면 나와 글로 맺어진 사람은 누굴까? 당연히 내 책의 독자와 출판사를 먼저 거론해야 할 거다. 또 내게 글쓰기를 배운 사람들과 내가 교범 삼는 좋은 글을 쓰는 선배와 동료들도 해당된다. 글을 매개로 평생 만날 수도 만날 이유도 없는 부류와 집단과 직군과 알고 지낸다. 글이 아니었다면 상상도 못 할 일이다.

이 관계를 유지하는 책임은 오로지 내게 있다. 좋은 글을 쓰고 인간으로서 좋은 모습을 계속 유지하는 것. 내가 아는 한 일면식 없는 상대방을 안심시키는 가장 안전한 응답은 "내가 생각했던 그 사람이 맞다"라는 평가를 안겨주는 것 말고는 없다.

작가라는 이름으로

거두절미하고, 책을 냈다고 모두 작가는 아니다. 거칠게 말하자면 지렁이 좌충우돌하는 글솜씨일지라도 책은 얼마든지 누구라도 출간할 수 있는 세상이다. 이들이 내는 장르는 대개 에세이 유의 산문이다. 나 역시 영화 관련 에세이 세 권과 탐구서 한 권을 냈으니 작가와 거리가 멀다. 모름지기 작가라고 하면 소설이나 시와 시조와 동화와 그림책 같은 순수 창작물을 쓰는 사람이어야 한다. 내가 에세이 낸 사람에게 작가라 부르지 않는 이유이다. 저자면 딱 알맞은 호칭이 아닐까 싶은데….

또한 자타가 공인하는 작가라는 호칭을 듣기 위해선

소득의 가장 큰 부분이 인세나 고료로 메워져야 한다고 나는 믿는다. 기업으로 말하면 매출 비중이 가장 높은 품목이 사업자등록증 업종의 첫 번째를 차지하는 것과 같은 이치다. 본업은 따로 있으면서 어쩌다 에세이 한 권 썼다고 작가로 불리는 건 본인도 민망하고 부르는 사람도 석연치 않은 일이다.

진정성 넘치는 당신의 진심

내가 쓰지 않는 아니 함부로 쓰면 안 된다고 여기는 표현 중 하나가 '진정성' 또는 '진심'이다. 특히 영화 글을 읽다 보면 '감독의 진심이 엿보이는, 혹은 진정성 넘치는 배우의 연기' 같은 문장을 종종 만난다.

놀랍다! 진심인지 아닌지, 진정성이 있는지 없는지 대체 그걸 어떻게 알까. 궁예처럼 독심술을 부리는 걸까, 〈범죄도시〉의 마동석처럼 "형은 다 알게 돼" 있는 걸까. 어느 감독이 인터뷰 중에 기자가 하도 자기 영화에 대해 아는 척하며 분석을 해 대니까, 딱 한마디로 입을 닫게 만들었다. "전혀 그런 의도로 찍은 거 아닌데요. 아무 의도 없는 겁니다."

영화 비평 수업 때 종종 하는 얘기지만, 영화는 흥분의 대상이지 지식의 대상이 아니다. 수전 손택도 말했다. "예술은 해석하고 설명될 수 있는 것이 아닌, 순수한 경험 그 자체"라고. 그러니 보이지 않는 걸 보았다고 말하지 마라. 달리 말하자면 나의 진심은 이런 거다(물론 농담이다).

너희는 어떻게 그런 생각을 다 해?

네 번째 책 『호우시절』 출간을 기념하는 북콘서트 때였다. 객석의 질문 중에 사랑의 정의에 관한 것이 있었고, 나는 기본적으로 사랑을 믿지 않습니다, 라고 답했다. 며칠이 지났을까. 우연히 인터넷 서핑하다 그 자리에 참석한 분의 SNS 글을 보았는데 "작가는 사람에 대한 애정이 없는 것 같다. 사랑을 믿지 않는 사람이 어떻게 글을 쓰는지 신기하다"고 썼더라. 충분히 그럴 만하다. 장소와 행사 성격상 앞뒤 맥락을 따져 가며 자세히 답할 순 없었지만, 내 입으로 분명히 그렇게 말했으니까. 어쨌든 나는 인류애와 인간에 대한 신뢰가 부족한 사람이 맞다.

에두르고 싶진 않다. 나는 뼈를 깎고 피를 말려 가며 글을 쓴 적이 없다. 고백하자면 내 글은 세상과 사회에 대한 진중한 고민의 결과물이 아니다. 인류애와 동포애와 가족애와 거리가 멀다. 때문인지 책을 내는 작가의 소회 혹은 프롤로그를 읽을 때마다 매번 내 자신이 무심한 인간이라는 생각을 지울 수 없다.

나는 세상을 이롭게 하거나 타인을 위해 글을 쓴 적이 없다. 타인의 삶에 영향 미치거나 더 나은 세상을 만드는데 기여하고 싶은, 그런 사람이 아니다. 부조리에 저항하거나 고발하거나 개선할 목적도 아니었고, 당연히 그런 생각은 품어 본 적도 없다. 더 나은 미래를 위해 고민하는 것조차 게을렀다. 애써 좋은 사람이 되고 싶지도 않았고, 타인이 보내는 관심과 애정에 냉담했으니까 말이다. 그러니 언감생심 내 글로 누군가 위로 받을 거란 생각도 하지 않았고, 내 글이 누군가의 삶에 영향을 미치거나 변화시키길 원치도 않는다. 만약 내 글에서 그런 냄새가 난다면 그건 전적으로 사기일 것이다. 깊이 새기고 생의 화두로 삼을 만한 구절 하나 없을지라도 나는 내 방식대로 쓴다. 그것이 영화라는 프리즘을 거치는 것뿐.

언젠가 부산국제영화제에 온 차이밍량에게 누군가 질문했다. 상업영화와 예술영화의 차이는 무엇입니까? "인류의 미래를 걱정하면 상업영화이고, 나의 내일을 걱정하면 예술영화입니다." 차이밍량의 대답이다.

지난 주 초대받은 어느 영화 모임에서 말했다. 책보다 영화보다 삶이 백배 더 중요합니다. 영화는 그 다음이라고. 먹고사는 문제를 외면한 어떤 이념과 가치도 무의미하다. 장진 감독의 〈간첩 리철진〉에서 고정간첩 오 선생은 말한다. "이념도 다 써 버리면 나중엔 먹고사는 문제만 남는 거야."

예술은 삶에 거만하지 않고, 삶은 예술의 가치를 긍정하는 모습만 잃지 않으면 된다고 믿는다. 헤겔이 "젊음을 철학으로 대체하지 말라"고 했듯이 너무 무겁고 진중한 주제에 천착하기를 내려놓고, 때론 좀 가볍게 살자는 얘기다.

공명심에 찌든 당신이 필요합니다

그도 그럴 것이 일간지나 월간지 등 매체의 고정(객원) 필자와 각종 평론가를 제외하고는(이들이라고 해서 특별히 나을 것도 없지만) 온라인 매체에서 글을 쓴다는 것은, 소위 인터넷 신문의 기자로 산다는 것은 참으로 고단하고 지루한 일이다. 최소한 1~2년 길게는 3년 이상을(그것도 해당 매체가 지속된다는 보장하에서) 끊임없이 써 대야 이름이 알려질 수 있을 테지만, 그나마 무명 매체의 경우는 영 가망성이 없는 경우가 더 많다. 왜냐하면, 열정의 착취는 글이 있는 거의 모든 곳에서 때와 장소를 가리지 않고 이루어지기 때문(때론, 당신의 글이 경제적 교환가치가 떨어지기 때문이라는 그럴싸한 말로 무료 기고를 당연시 여긴다). 설사 죽기 살기로 극복해 냈다고 쳐도 뭐 대단한 일이 기다리는 것도 아닌즉 결국 종이 매체로 나가는 발판을 마련한다는 것일 뿐.

갑자기 왜 이런 생뚱맞은 말을 하느냐면, 어제 받은 제자의 전화 때문이다. 석사 학위까지 무사히 끝낸 후 대기업 연구소에 멀쩡하게 다니던 이 녀석은 3~4년 전부터 기자가 되겠다고 각종 잡지의 응모와 소위 언론고시까지 무던히도 문을 두드렸다. 하지만 빈번이 미역국을 먹었고 그래도 글로 밥 먹고 살겠다는 일념으로 온라인 매체에 글을 쓸 만한 곳을 알아봐 달라고 부탁해 온 것. 사실 맘먹고 찾아볼라치면 어려운 일도 아니다. 소위 몇몇 잘나가는 곳을 제외하고는 기자들의 이동이 극심한 곳이 온라인 매체이다 보니, 빈자리는 수시로 나타나기 마련이다. 문제는 그나마 수익성을 내는 곳이 몇 개 되지도 않는 데다가, 기자라고 한들 활동비라도 제때 정산해 주는 곳이 얼마나 되는지 알 길이 없으니까. 무엇보다 온라인 매체 기자의 고충은 직접 광고를 수주해야 한다는 것.

참고로 2022년 현재 인터넷 신문의 숫자는 11,251곳이고, 기자는 17,234명으로 종이 신문 기자 숫자를 추월했다. 문제는 인터넷 신문 전체의 74퍼센트가 연매출 1억 원 미만이라는 사실이다.

"가족까지 거느린 가장이 취미로 한두 편 기고하는 수준이라면 몰라도 생업으로 하겠다는 건 미친 짓"이라고 말해 버렸다. 무엇보다 포털과 제휴를 맺은 매체가 아니라면, 백날 글을 써 봐야 내부에서 사장될 게 뻔하기 때문이고. 클릭 수에 목을 매는 온라인 매체의 수익 구조 특성상 '경악', '충격', '알고 보니' 따위의 제목 장사나 해야 하는 고역을 어찌 참으려는지 알다가도 모를 일이다. 이보다 더 걱정스러운 것은 이런 글쓰기에 익숙해져 버리면, 본질을 파고들어 제대로 사유하는 글은 쓸 엄두조차 내지 못하게 된다는 데 있다. 글이라는 건 쓰지 않으면 무뎌지기 마련이고 감을 잊지 않도록 최소한의 작업을 게을리하지 말아야 하는데, 회사가 요구하고 네티즌이 원하는 방식의 정형적 기사를 주구장창 써 대다가는 제대로 된 기사는 고사하고 짜깁기의 대가가 되기 십상이라는 얘기.

사정이 이렇다 보니 소위 파워블로거를 객원 필자로 유입해(상대의 공명심을 살려 주는 대신 공짜로 글을 얻겠다는 속셈) 꿩 먹고 알 먹으려는 매체들이 도처에 널렸다. 아직도 글쓰기가 만만하고 온라인에도 먹을 과실이 널렸다고 착각하는지 몰라도, 아니면 인터넷 기자라는 직함이 그럴싸해 보이고, 있어 보인다고 생각하는지는 몰라도, 어쩌다 온라인 매체에 글 하나 올라가면 고시라도 붙은 양 우쭐대는 이들을 보면 실소를 금치 못할 지경이다. 세상을 너무 만만하게 보는 거 같아 안타깝기 짝이 없다.

통화를 끝내면서 "안정된 직장을 알아봐라. 가족이 무슨 죄냐?"라고 일갈했더니, 아직도 정신 못 차린 듯 "연락 주세요" 한다. 나중에 그 원성을 내가 어찌 감당하라고. 난 못 들은 얘기로 하겠다. 암만.

저, 잡지에 칼럼 쓰는 사람인데요

어느 해인가 추석을 앞둔 주말이었다. 전화가 왔다. 모르는 번호는 안 받는다는 게 일상 원칙인데 그때는 지인에게서 글쓰기 개인 지도가 필요한 사람에게 내 얘기를 했으니 전화 오면 상담해 보라는 말을 들은 터였다. 아니나 다를까. 용건을 꺼내 놓더니 뭔가 할 말이 있다는 듯 멈칫거리는 눈치였다. 무슨 말씀인지 몰라도 그냥 편하게 하세요, 라고 자리를 폈다. "사실은 제가 잡지에 칼럼을 기고하는 칼럼니스트입니다"라고 그는 말했다. 스스로 칼럼니스트라고 칭하면서 매체 기고를 언급하는 걸로 보아 자부심이 대단해 보였다.

나름 글쓰기가 필요해 배울 결심은 했으나 내가 그리 아무것도 모르는 사람은 아니다, 라는 걸 알리고 싶었던 걸까. 아, 그러시군요. 그럼 선생님이 기고한 잡지 글을 볼 수 있게 사이트를 알려 주시면 제가 글을 보고 판단하겠습니다. 글을 본 후에 다시 연락드릴게요. 이윽고 매체 링크가 문자로 날아왔고, 바로 들어가 글을 보았다. 내용은 둘째로 치고 이름 없는 인터넷 잡지로 보이는데 편집부가 있기는 한 건지, 데스킹의 흔적을 찾을 수 없었다. 그러니까 오탈자와 맥락을 바로잡는 등의 편집을 거친 흔적이 없었다는 것. 이게 현실이다. 다시 그에게 전화를 걸어서 물었다. 그 잡지에서 고료 안 받으시죠? 그는 웃었다. 동의한다는 의미였다.

다수의 인터넷 매체는 어딘가 매체에 기고한다는 커리어가 필요한 사람들을 끊임없이 찾아 헤맨다. 덫에 걸리면 감언이설로(지금은 당신의 경력이 일천하고 우리 사정이 열악해 원고료를 못 주지만, 여기서 경험 쌓아 더 큰 곳에서 쓸 기회가 생길 수도 있다는 식으로) 설득하고, 누군가는 알량한 칼럼니스트라는 직함에 현혹되어 덥석 손을 잡는다는 얘기. 그가 어떤 경로로 어떤 조건으로 글을 쓰는지는 묻지 않았다. 자존심이 상할 테니까. 다만 그의 글은 칼럼이 아니라 글쓰기가 아니라 글짓기를 가르쳐야 할 수준이었다.

끝내주거나 엉망이거나는 안 돼요

여기서 한 가지. 자칫 오해를 피하자면 나와 상담한 그의 글이 모두 나쁘진 않았다. 문제는 글의 품질이 들쭉날쭉했다는 거. 쉽게 말하자면 평균 점수가 낙제점이었다는 거다. 이렇게 질문해 보자.

A는 4번의 시험에서 90점과 40점과 70점과 30점을 받았다. B는 70점과 60점과 70점과 50점을 받았다. A의 평균은 57.5이고 B평균은 62.5이다. 올림픽 체조경기 채점 방식을 적용해 볼까? 체조경기는 최고점과 최저점을 뺀 나머지 합의 평균 점수로 환산한다. 달리 말하자면, 가장 잘 쓴 날과 최악의 날을 뺀 평균을 만들면 A는 55점이고,

B는 65점이다. A는 어떻게 환산해도 낙제에 해당한다.

어떤 때는 천의무봉의 솜씨로 끝내주는 글을 쓰다가도 믿기 힘들 만큼 나쁜 글을 쓰는 사람이 있는 반면, 엄청난 글은 아니어도 꾸준히 평균 품질을 유지하는 사람도 있다. 개인적으론 90점과 30점을 오락가락하는 글쓰기보다 평균 80점을 유지하는 글쓰기를 추구한다. 언제 어떤 상황에서 어떤 주제가 오더라도 80점짜리 글을 써내는 능력을 갖추는 것. 늘 바라는 글쓰기였다.

균일한 품질을 유지하기 위해선 삶의 패턴, 일상의 루틴이 분명해야 한다고 생각했다. 어떤 경우에도 내게 온 청탁을 마감보다 하루 일찍 처낸다는 걸 원칙으로 삼았다. 20년 넘게 단 한 차례도 마감을 어겨 본 적이 없다. 마감 시한을 넘겨 편집자나 담당자의 독촉을 받고 머리를 쥐어뜯어 가며 원고를 메꾸는 장면은 내겐 영화 속 이야기일 뿐이다. 그게 글쟁이라면 당연한 모습인 양, 대가의 특질인 양, 작가의 상징인 양 생각하는 이들이 진짜 있다는 게 더 놀랍다. 남이야 어떻든, 제자에게 가르친 대로 내가 실천한다.

초고를 빨리 쓰고 퇴고를 거듭하기. 원칙은 이것 하나다. 이 원칙을 지키려면 초고를 쓰기 위한 시간을 확보해야 하고, 쓸데없는 시간 낭비를 줄이도록 스케줄을 짜고 기본 루틴에서 어긋나지 않게 나 자신을 채찍질하면 된다. 그깟 고료 몇 푼이나 된다고 이렇게까지 빡빡하게 글을 쓰고 마감하냐고 (매체에 정통한) 누군가가 묻는다면, 대답은 하나밖에 없다. 당신은 이백서른두 가지의 이유를 들어서 당신을 필진에서 교체한 매체를 비난하겠지만, 대체로 실상은 글이 후져서일 가능성이 농후하다. 여기서 후지다는 건 글이 매번 같아서 더 이상 신선하지 않고 흥미롭지 않다는 뜻도 포함된다. 아니면 마감을 밥 먹듯이 어겨 담당 기자를 힘들게 했거나, 난처하고 예민한 사안을 거듭 다룸으로써 당신의 글이 매체 편집 방향과 다르다는 걸 증명했거나(어쩌면 퇴진의 기미를 일찌감치 예감하고 사전 포석으로 갈등 국면을 만들어 놓았는지도 모르고).

요컨대 내가 어떤 매체에서 하차한다면 그건 전적으로 내 글이 후져서일 것이다. 곧 나의 효용과 내 글의 시효가 만료됐다는 선고인 셈이다. 마감은 단 한 번도 어긴 적이 없으니까. 이 글을 매체 담당자가 보면 좋을까, 나쁠까.

그리고 삶은 계속된다

노벨문학상 수상작가 가즈오 이시구로의 장편 『창백한 언덕 풍경』은 2차 대전 직후의 나가사키가 배경이다. 그런데도 원자폭탄과 핵 폭풍과 비극적 죽음은 전시되지 않는다. "대문 옆에는 철쭉이 있어야 한다니까요?" 같은 서정적 정조와 삶의 영속성이 책 전체를 지배한다. 책의 마지막, 화자인 에츠코는 딸 니키에게 나가사키 시절을 이렇게 술회한다. "특별할 건 하나도 없었단다. 그저 행복한 추억이었을 뿐이야."

절망이 휩쓸고 간 자리. 지진으로 초토화된 땅, 전기와 수도 시설은 물론 식량도 부족한 형편없는 생존 조건. 아이들의 스웨터 소맷단은 너덜너덜해져 있고 누런 콧물이 마를 새 없지만 이런 상황에서도 연인들은 결혼해 비닐 천막에서 첫날밤을 보내고 마을 사람들은 월드컵 축구 중계를 보려고 TV 안테나를 설치한다.

지진의 참상을 자세히 전하던 아이는 "참 많이 자랐구나" 하는 인사에 "사람은 누구나 자라잖아요"라고 어른스럽게 대답한다. 최악의 상황에서도 감사하고 여유를 잃지 않는 태도. 이처럼 압바스 키아로스타미의 〈그리고 삶은 계속된다〉는 암흑 같은 시절에도 누군가는 밥을 짓고 누군가는 노래를 하고 또 누군가는 사랑을 꿈꿨다는 사실을 알려 준다.

힘든 시간이 지나고 나면, 나도 당신도 한 뼘 더 자랐기를.

나가는 글
인생은 여전히 아름다워

처음은 글쓰기 강의록에 가까운 형식이었다. 초고까지 완성하고는 완전히 뒤집었다. 전문가의 시의적절한 조언 덕분이다. 생각보다 즐겁고 신나게 속도를 낼 수 있었다. 쓰면서 고통스런 기억은 없다. 머리를 쥐어짜 내고 불면의 밤을 보내는 건 내 캐릭터와 맞지 않으니까. 기억의 방으로 들어가 필요한 소재를 정확히 찾아내어 실수 없이 끄집어 올리면 되는 일이었다.

책은 인생에 많은 것을 안겨 주고 큰 배움을 주는 게 분명한데, 책을 많이 읽은 사람에게서 깊고 선한 마음을 발견하기란 힘든 일이었다. 외려 책이 독이 되는 사람이 많아 보였다. 잡문이나 쓰는 내가 누군가의 인생에 영향을 미칠 리 없겠지만, 글쓰기와 관련해 그릇된 길을 제시하는 건 아닐까 싶어 적잖게 염려되는 건 이 때문이다.

매번 책을 낼 때마다 그랬듯이 이번이 마지막이었으면 한다. 원고는 늘 쌓여 있고, 쓰고 싶은 이야기도 하고 싶은 말도 넘쳤으나 정작 책을 엮을 땐 전혀 다른 내용이곤 했다. 인생이란 그때그때 오류를 수정하면서 살아가지만 결과는 누구도 장담하지 못하는 것처럼 이 책의 결말도 어찌 될지 가늠할 수 없다. 그래서 삶이 흥미롭고 무궁무진하다는 건 아닐는지. 다만 평생 글자와 책을 붙잡고 살아온 선한 이들의 시간에 누가 되지 않기를 바랄 따름이다.

방금 생각난 건데, 인생은 여전히 아름답다.

글쓰기의 태도

초판 1쇄 발행 2025년 8월 14일

지은이 백정우
펴낸이 오은지
편집 오은지
표지 디자인 정효진

펴낸곳 도서출판 한티재
등록 2010년 4월 12일 제2010-000010호
주소 42087 대구시 수성구 달구벌대로 492길 15   **전화** 053-743-8368
팩스 053-743-8367   **전자우편** hantibooks@gmail.com
블로그 blog.naver.com/hanti_books
한티재 온라인 책창고 hantijae-bookstore.com

ⓒ 백정우 2025
ISBN 979-11-92455-74-7 03810

이 책은 대구출판산업지원센터의
'2025년 대구우수출판콘텐츠제작지원사업'에 선정되어 발행되었습니다.

책값은 뒤표지에 있습니다. 이 책 내용의 일부 또는 전부를 이용하려면
저작권자와 한티재의 동의를 받아야 합니다.